LA BELLE ANTONIA

PAR

LE VICOMTE PONSON DU TERRAIL

auteur de

Les Étudiants de Heidelberg, les Gaudins, la Jeunesse du Roi Henri, le Serment des quatre Valets, les Mémoires d'un Homme du Monde, le Diamant du Commandeur, les Drames de Paris, les Exploits de Rocambole, le Club des Valets de Cœur, la Revanche de Baccarat, la Dame au Gant noir, les Compagnons de l'Épée ou les Spadassins de l'Opéra, la Belle Provençale, la Cape de l'Épée, la Contessina, les Cavaliers de la Nuit, Bavolet, Diane de Lancy, la Tour des Gerfauts.

II

PARIS

L. DE POTTER, LIBRAIRE-ÉDITEUR

RUE FONTAINE MOLIÈRE, 27

LA BELLE ANTONIA

NOUVEAUTÉS EN LECTURE
DANS TOUS LES CABINETS LITTÉRAIRES.

L'Homme rouge, par Ernest Capendu, 5 vol. in-8.
L'Ame et l'ombre d'un Navire, par G. de La Landelle, 5 v. in-8.
Le Serment des quatre valets, roman historique, par le vicomte Ponson du Terrail. 7 vol. in-8.
Le Nain du Diable, par la comtesse Dash. 4 vol. in-8.
Le Ménage Lambert, par A. de Gondrecourt. 2 vol. in-8.
Fleurette la Bouquetière, par Eugène Scribe. 5 vol. in-8.
Le Parc aux Biches, par Xavier de Montépin. 6 vol. in-8.
La Maîtresse du Proscrit, par Emmanuel Gonzalès. 4 vol. in-8.
Les Étudiants de Heidelberg, histoire du siècle de Louis XIV, par le vicomte Ponson du Terrail. 7 vol. in-8.
Les Mystères de la Conscience, par Étienne Enault. 4 vol. in-8.
Les Gandins, par le vicomte Ponson du Terrail. 6 v. in-8.
L'Homme des Bois, par Élie Berthet. 6 vol. in-8.
Les trois Fiancées, par Emmanuel Gonzalès. 3 vol. in-8.
Les Marionnettes du Diable, par X. de Montépin, 6 vol. in-8.
Le Diamant du Commandeur, par Ponson du Terrail. 4 vol.
Le Douanier de mer, par Élie Berthet, 5 vol. in-8.
Mlle Colombe Rigolboche, par Maximilien Perrin. 4 vol. in-8.
Morte et Vivante, par Henry de Kock. 3 vol. in-8.
Daniel le laboureur, par Clémence Robert. 4 vol. in-8.
Les grands danseurs du roi, par Ch. Rabou. 3 vol. in-8.
Le Pays des Amours, par Maximilien Perrin. 3 vol. in-8.
La jeunesse du roi Henri, par Ponson du Terrail. 6 vol. in-8.
L'Amour au bivouac, par A. de Gondrecourt. 5 vol. in-8.
Les Princes de Maquenoise, par H. de Saint-Georges, 6 v. in-8.
Le Cordonnier de la rue de la Lune, par Théod. Anne. 4 v. in-8.
La Belle aux yeux d'or, par la comtesse Dash, 3 vol. in-8.
La Revanche de Baccarat, par Ponson du Terrail, 6 vol. in-8.
Le Roi des gueux, par Paul Féval, 6 vol. in-8.
Une Femme à trois visages, par Ch. Paul de Kock, 6 vol. in-8.
Une Existence Parisienne, par Mme de Bawr, 3 vol. in-8.
Les Yeux de ma tante, par Eugène Scribe. 6 vol. in-8.
Les Exploits de Rocambole, par Ponson du Terrail. 8 vol. in-8.
Le Bonhomme Nock, par A. de Gondrecourt. 6 vol. in-8.
Le Vagabond, par E. Enault et L. Judicis. 4 vol. in-8.
Les Ruines de Paris, par Charles Monselet. 4 vol. in-8.
Les Viveurs de Province, par Xavier de Montépin. 6 vol. in-8.
Les Coureurs d'Amourettes, par Maximilien Perrin. 3 vol. in-8.
La dame au gant noir, par Ponson du Terrail. 8 vol. in-8.
Les Émigrants, par Elie Berthet. 5 vol. in-8.
Les Cheveux de la reine, par madame la comtesse Dash 3 vol. in-8.
La Rose Blanche, par Auguste Maquet, 3 vol. in-8.
La Maison Rose, par Xavier de Montépin, 6 vol. in-8.
Le club des Valets de Cœur, par Ponson du Terrail, 8 vol. in-8.
Monsieur Cherami, par Ch. Paul de Kock, 5 vol. in-8.
L'Envers et l'Endroit, par Auguste Maquet. 4 vol. in-8.
Le Prix du sang, par A. de Gondrecourt. 5 vol. in-8.
Nena-Sahib, par Clémence Robert. 3 vol. in-8.
La Reine de Paris, par Théodore Anne. 3 vol. in-8.
Un ami de ma femme, par Maximilien Perrin. 3 vol. in-8.
La Maison Mystérieuse, par mad. la comtesse Dash, 4 vol. in-8.
Pour la suite des Nouveautés, demander le Catalogue général qui se distribue gratis.

LA BELLE ANTONIA

PAR

LE VICOMTE PONSON DU TERRAIL

auteur de

Les Étudiants de Heidelberg, les Gandins, la Jeunesse du Roi Henri, le Serment des quatre Valets, les Mémoires d'un Homme du Monde, le diamant du Commandeur, les Drames de Paris, les Exploits de Rocambole, le Club des Valets de Cœur, la Revanche de Baccarat, la Dame au Gant noir, les compagnons de l'Épée ou les Spadassins de l'Opéra, la Belle Provençale, ta Cape de l'Épée, la Contessina, les Cavaliers de la Nuit, Bavolet, Diane de Lancy, la Tour des Gerfauts.

II

PARIS

L. DE POTTER, LIBRAIRE-ÉDITEUR

RUE FONTAINE MOLIÈRE, 27.

Droits de traduction et de reproduction réservés.

1862

LES
PRINCES DE MAQUENOISE

PAR

H. DE SAINT-GEORGES

auteur de l'*Espion du grand monde*, un *Mariage de prince*, et des œuvres dramatiques suivantes : les *Mousquetaires de la Reine*, le *Val d'Andorre*, la *Reine de Chypre*, la *Fille du régiment*, etc., etc.

Les *Princes de Maquenoise* ont produit une grande impression à leur apparition.

Cette impression est due non-seulement au mérite de ce livre et au nom de l'auteur, mais à ce qu'on y retrouve les brillantes qualités des meilleures productions de M. de Balzac.

Originalité puissante du sujet, observation merveilleuse du cœur humain et de la vie sociale, de la vie de Paris, surtout ; cette tendre et religieuse philosophie de l'âme qui touche parfois aux idées les plus élevées, et explique la popularité si générale, si européenne des romans de Balzac, voilà ce qui existe à un degré très-éminent dans les *Princes de Maquenoise*.

Quant à la partie théâtrale et saisissante du drame, on peut s'en rapporter à M. de Saint-Georges, l'auteur de tant d'ouvrages dramatiques qui depuis quinze années font la fortune de tous les théâtres de notre capitale et des pays étrangers.

Un auteur d'une grande valeur, Mme Ch..... R......, disait en achevant un livre de M. de Saint-Georges : Quand on termine un de ses chapitres on croit toujours voir baisser la toile.

C'est à la fois un grand éloge et une vérité.

LES
MYSTÈRES DE LA CONSCIENCE

PAR

ÉTIENNE ÉNAULT

La conscience est assurément le plus étrange et le plus terrible attribut de l'âme humaine. Le roman et le théâtre l'ont déjà étudiée en ses diverses manifestations. Mais, nous osons le dire, jamais ses mystères n'ont été aussi savamment approfondis que dans l'œuvre dont nous signalons ici la publication.

Presque toutes les fois qu'on a dramatisé le remords, on a mis en scène des assassins n'inspirant que terreur ou dégoût et fatalement marqués pour l'échafaud. Tôt ou tard la loi intervient, les coupables sont punis, en sorte que la justice de Dieu, n'est, en réalité, que la justice des hommes. Conclusion salutaire mais incomplète. Dans LES MYSTÈRES DE LA CONSCIENCE, M. Étienne Énault a voulu dégager le principe divin de toute appréhension causée par le code criminel et donner ainsi au remords son caractère le plus saisissant et le plus moral. Il a fait de Maxime Tréhouart une sorte d'ange rebelle, dont le forfait n'est point irréparable, mais qui a résolu de dompter sa conscience. Dans une lutte acharnée le titan est vaincu, et son repentir amène sa rédemption. Ici, tout est indépendant de la vindicte sociale. Dieu seul est le justicier : ce qui prouve que rien n'échappe à sa loi souveraine, éternelle.

Autour du personnage principal, dessiné avec une vigueur peu commune, se groupent des types variés, odieux ou charmants, qui rappellent l'énergie de Balzac et la grâce de George Sand. Quant au style, nous croyons qu'aucun ouvrage dramatique n'est écrit avec plus de force, d'élégance et de pureté.

Paris. — Imprimerie de P.-A. BOURDIER et Cie, 30, rue Mazarine.

CHAPITRE TREIZIÈME.

XIII

Sur le seuil du grand salon, elle rencontra la femme au visage pâle qui avait ouvert la fenêtre.

— Bonjour, mère, dit la jeune fille en jetant ses deux bras au cou de la marquise. Comment as-tu passé la nuit?

— Assez bien, mon enfant, répliqua la marquise en entraînant la jeune fille vers une causeuse, sur laquelle elle s'assit auprès d'elle.

Madame la marquise de Guérigny était une femme d'environ quarante ans, grande, mince, très-pâle, et dont la démarche fatiguée, le regard mélancolique et toute la personne trahissaient une maladie incurable.

Madame de Guérigny était phthisique.

— Ma chère Blanche, lui dit-elle, j'attendais ton retour avec impatience.

— Ah! mère, tu sais bien que je reviens du bois à peu près à la même heure tous les jours.

— C'est vrai : mais, aujourd'hui, j'avais hâte de te voir...

Et la marquise caressa de la main les boucles cendrées de la chevelure de Blanche.

— Bonne mère ! fit la jeune fille en l'embrassant.

— Oui, reprit la marquise, j'avais hâte de te voir.

— Comme tu me dis cela, mère !

— Nous avons à causer.

— Eh bien ! causons...

— Sérieusement, mon enfant.

— Mon Dieu !

— Blanche, mon enfant, le docteur Postel sort d'ici.

La jeune fille tressaillit.

— Le docteur est un grand médecin, mon enfant, et il se trompe rarement.

— Oh ! tais-toi ! fit la jeune fille effrayée, tais-toi, mère...

La marquise reprit :

— Je l'ai interrogé sur mon état, et je l'ai supplié de me dire la vérité; et le docteur m'a répondu...

— Mon Dieu ! murmura Blanche, en pâlissant.

— Je ne suis point condamnée, mais je suis très-malade.

— Oh !

— Il est possible que je triomphe du mal, mais il est possible aussi que le mal soit le plus fort, ne m'interromps pas... Et alors, mon enfant, si je viens à te manquer, si Dieu m'appelle un jour à lui, il faut que tu aies un protecteur, un soutien, un être qui t'aime comme je t'aimais...

— Ah ! mère..., mère, murmura Blanche de Guérigny, dont les yeux s'emplirent de larmes, mère, tais-toi ! tu me fais mourir...

— Sois forte, mon enfant, continua la

marquise, et écoute-moi jusqu'au bout.

— Parle, mère.

— Je veux te marier, mon enfant.

Blanche se leva vivement et comme effrayée.

— Je veux, reprit sa mère, te trouver un mari affectueux, loyal et bon, un homme du monde, un homme de cœur, qui passe sa vie à tes genoux et te rende la plus heureuse des femmes.

— Un homme qui m'épousera pour ma

dot, fit la jeune fille d'un ton de tristesse ironique.

— Tu es folle! Tous les hommes, mon enfant, ne se livrent point à de honteux et bas calculs.

— Oh! comment le savoir?

— Ecoute, dit encore la marquise. Je connais un jeune homme charmant et distingué, presque aussi riche que toi, et qui, j'en suis certaine, t'aimerait ardemment.

Blanche étouffa un léger cri.

— Dirais-tu vrai, mère?

Et puis il lui passa par la tête une idée étrange et folle. Elle se souvint de ce jeune homme pâle et désespéré qu'elle avait entrevu le matin.

— Et ce jeune homme, où est-il? demanda-t-elle.

— En province.

Blanche courba tristement la tête.

— Ah! fit-elle.

— Il est même ton parent éloigné, reprit la marquise.

— Mais qui donc, alors?

— Tu ne l'as jamais vu. Mais je le connais, moi; il est charmant...

Blanche se tut.

— Mon enfant, continua madame de Guérigny, nous touchons à la fin d'avril, c'est le moment où nous quittons Paris.

— Allons-nous à Vichy cette année? demanda Blanche, qui espérait détourner la conversation.

— Non, mon enfant.

— Et où allons-nous donc?

— Passer un mois chez la baronne de

Saunières, ma cousine au second degré, et
la mère du jeune homme dont je te parle.
Nous partons ce soir.

— Mais, ma mère...

La marquise prit dans ses deux mains la
blonde tête de la jeune fille :

— Tu sais bien, ma chère Blanche, lui
dit-elle, que je n'ai qu'un but, qu'une
préoccupation en ce monde, ton bonheur.
Si Raoul de Saunières n'est point l'homme
que j'ai rêvé, ou que, peut-être ajouta-t-elle

en souriant, tu as rêvé toi-même... eh bien ! il n'en sera plus question.

— Mais si nous allons chez sa mère...

— Sa mère pas plus que lui ne sait un mot de mes projets.

— Ah ! c'est différent. Et tu veux partir ce soir ?

— Oui, à moins que tu n'aies un motif sérieux à m'objecter.

— Non, murmura Blanche, qui se reprit à songer au beau cavalier du matin.

La marquise ajouta :

— La terre de madame de Saunière est située en Bourgogne, sur les confins du Nivernais, dans un pays pittoresque appelé le Morvan. C'est là que nous allons.

— Soit ! dit Blanche.

Puis, comme si elle eût craint que sa mère ne lût au fond de sa pensée, elle se leva et dit :

— Puisqu'il en est ainsi, je vais aller faire mes préparatifs de départ. Au revoir, mère..

Et elle sortit du salon et monta dans sa chambre.

Mais, une fois chez elle, Blanche de Guérigny appuya sa tête dans ses deux mains et se dit :

— C'est étrange ! jamais je n'ai éprouvé ce que j'éprouve aujourd'hui... Mon Dieu ! mon Dieu !...

Celui qui aurait surpris en ce moment la jeune fille dans cet état d'isolement aurait vu peut-être une larme couler silencieuse à travers ses doigts roses dont elle couvrait son visage. . . . .

. . . .

CHAPITRE QUATORZIÈME

XIV

Cependant, comme midi sonnait, le même jour, un élégant jeune homme descendit de voiture à la porte du restaurant de la Maison Dorée, dans la rue Lafitte.

C'était le même personnage que le major Samuel appelait le petit baron, et qui répondait dans le monde au nom de baron de Vaufreland.

— Monsieur le baron, lui dit un des garçons de l'établissement en le saluant avec une respectueuse familiarité, on vous attend là-haut.

— Le major, sans doute ?

— Oui, monsieur le baron.

— Où est-il ?

— Cabinet numéro 3.

Le petit baron grimpa lestement l'escalier, et, en habitué de l'établissement qu'il était, il alla frapper sans hésitation à la porte du cabinet numéro 3.

— Entrez! dit une voix au-dedans.

Le major Samuel déjeunait fort paisiblement d'un rumpsteack et d'une bouteille de vieux médoc, le tout précédé d'une douzaine d'huîtres d'Ostende et de quelques crevettes rouges.

— Ah! te voilà, cher ami, dit-il en voyant entrer le petit baron, tu es exact comme un chronomètre. As-tu dormi, au moins?

— Pas du tout. Vous m'avez dit de si étranges choses, ce matin.

— Etranges, mais vraies...

— Cependant je vous avoue que le doute me tient encore...

— C'est parce que tu es à jeun. La faim rend incrédule. Mets-toi là et déjeune...

— Et quand j'aurai déjeuné...

— Tu croiras.

— Bah!

— Ou, si tu doutes, tu ne douteras plus bien longtemps.

— Comment cela ?

— Car, dit le major avec un sourire mystérieux, vingt minutes après tu seras dans les bras de ta mère.

— Comment ! c'est tout de suite...

— Le temps de déjeuner et nous partons ; à table, baron.

M. de Vaufreland s'assit en face du major et déplia sa serviette.

Le major continua :

— Ta mère est aveugle, je te l'ai dit. Toi, tu te nommes Raymond...

— Et je me souviens du vieux château de Bretagne.

— C'est cela même. En route, je te ferai une description topographipue du lieu, et je te dirai comment tu as été enlevé à ta mère.

— Très-bien.

Le major et le petit baron déjeunèrent à la hâte, avalèrent une tasse de café et allumèrent un cigare.

— Viens, dit alors le major en se levant le premier.

Tous deux descendirent se tenant par le bras.

M. de Vaufreland avait gardé sa voiture.

C'était un petit coupé bas attelé d'un joli trotteur, — une vraie voiture de fils de famille.

— Renvoie donc ton coupé, dit le major au baron.

— Pourquoi ?

— Parce que tu es ruiné.

— Hein ?

— C'est-à-dire que ta mère te croit dans la misère.

— Mais...

— Et qu'il faut que cela soit ainsi

— Ah ça ! mais nous allons donc à pied ?

— Non, nous allons prendre un fiacre.

Et le major appela une voiture de remise qui longeait au pas le boulevard.

— Où allons-nous, bourgeois ? demanda le cocher.

— Avenue de Neuilly, 95, répondit le major en prenant le bulletin numéroté.

. . . .

Cependant, après le départ du major, Jeanne l'aveugle était demeurée seule, en proie à une sorte de prostration morale.

Avait-elle bien entendu? Ou bien était-elle le jouet d'un rêve?

Longtemps elle demeura plongée dans son fauteuil, la tête dans ses mains et comme paralysée.

Puis ses nerfs crispés se détendirent, son

cœur gonflé se serra, ses larmes coulèrent, et elle tomba à genoux, murmurant d'une voix brisée :

— Mon fils! mon fils!...

Et les heures passèrent, et son unique servante n'osa point troubler ce recueillement et cette douleur.

Tout à coup l'oreille exercée de la pauvre aveugle fut frappée par un bruit lointain, celui d'une voiture qui s'arrêtait à la porte de la petite maison.

Puis elle entendit retentir la sonnette qui annonçait l'arrivée d'un visiteur.

Et alors son cœur se prit à battre violemment.

Puis encore, des pas d'homme retentirent dans le vestibule.

Alors l'aveugle se leva, et presque en même temps une porte s'ouvrit...

Un jeune homme derrière lequel marchait le major Samuel s'élança vers Jeanne l'aveugle en s'écriant :

— Ma mère ! ma mère !

CHAPITRE QUINZIÈME.

XV

Nous avons laissé notre héros Raymond au club de la rue Royale, où il venait de faire une si prodigieuse fortune en quelques coups de cartes.

Malgré les bravos de la galerie, malgré le départ de don Inigo, qui avait si noblement refusé sa revanche, Raymond demeura longtemps dans l'attitude d'un homme qui vient de commettre une mauvaise action.

Il avait étendu vers son gain une main fiévreuse, et sur le point de toucher à cet or qui était le fruit du jeu, il avait hésité.

On eut dit que ce monceau de billets de banque et de napoléons était un brasier ardent qui lui devait brûler cruellement les doigts.

L'hésitation de Raymond fut si longue que plusieurs des joueurs avaient déjà déserté le salon vert avant qu'il n'eut songé à empocher son gain.

Enfin un jeune homme, un de ceux qui s'étaient le plus intéressés à sa partie, lui mit la main sur l'épaule. C'était celui-là même qui l'avait appelé tout à l'heure du haut du balcon.

— Ah ça, lui dit-il, dors-tu mon bon ami ?

Raymond tressaillit et le regarda.

C'était un grand garçon de trente-deux ans, au front large et intelligent, aux lèvres épaisses, au bon sourire.

Il se nommait Olivier de Kermarieuc, et ce nom nous dispense d'ajouter qu'il était Breton.

Olivier plaça donc sa main un peu large sur l'épaule de Raymond :

— Si tu ne dors pas, continua-t-il, tu

éprouves une telle émotion que c'est exactement la même chose.

— J'en conviens, dit Raymond,

— Cet argent est à toi. Prends-le...

— C'est l'argent du jeu.

— Peu importe ! c'est le tien, puisque tu as gagné...

Et comme Raymond hésitait toujours :

— Si don Inigo avait gagné, poursuivit Olivier de Kermarieuc, il eut empoché tes quarante louis sans scrupule.

— Mais quarante louis, dit Raymond,

n'équivalent pas à quatre cent mille francs.

— Pour toi, c'est la même chose.

— Hein ?

Et Raymond leva sur Olivier un regard tremblant.

Olivier se pencha à son oreille :

— Prends ton argent, dit-il et viens avec moi j'ai à te parler.

Puis, comme Raymond ne se hâtait point de s'emparer de son gain, Olivier prit son chapeau et y poussa l'or et les billets, disant d'un ton enjoué

— Messieurs, je suis le trésorier de Raymond. Nous allons chez moi. Si quelqu'un désire nous assasiner, il peut nous suivre.

Et il entraîna Raymond.

Olivier avait son coupé à la porte du club, il y fit monter Raymond qui marchait en chancelant, et il dit à son cocher :

— Rue de la Victoire !

— Ah ! dit enfin Raymond, tu as... à... me... parler ?...

— Oui.

— A propos de quoi ?

— Attends... Chez moi, tout à l'heure.

Olivier de Kermarieuc demeurait rue de la Victoire, où il habitait un joli appartement de garçon, élégant et simple, situé à l'entresol d'une belle maison.

Il introduisit Raymond dans son cabinet de travail où flambait un reste de feu, l'installa dans un bon fauteuil, lui offrit un cigare, puis se plaça en face de lui, à califourchon sur un de ces sièges que l'argot moderne du monde élégant appelle *fumeuses*.

— A présent, dit-il, nous pouvons causer.

— Soit, dit Raymond, de plus en plus étonné.

Olivier continua :

— Ne t'ai-je pas dit tout à l'heure que tes quarante louis équivalaient pour toi aux quatre cent mille francs du Portugais don Inigo ?

— Oui..., en effet...

— Eh bien ! c'est que je savais que ces quarante louis étaient, il y a une heure, tout ce que tu possédais.

Raymond fit un soubresaut dans son fauteuil.

— Mon cher Raymond, reprit Olivier, le jour où vient le malheur, l'homme fait une singulière étude. Il s'aperçoit que ses meilleurs amis lui tournent le dos...

— C'est vrai.

— Tandis que ceux sur lesquels il n'avait jamais compté viennent à lui.

Raymond tressaillit de nouveau.

— Nous étions peu liés, reprit le Breton, nous n'étions même que de simples connaissances de sport, et cependant, depuis quelques heures, une sympathie irrésistible me ponssait vers toi. Tiens, ce matin, quand je t'ai vu passer à cheval sous les fenêtres du club, sais-tu pourquoi je t'ai appelé ?

— Comment le saurais-je ?

— C'était pour te prendre à part et te dire : « Mon cher Raymond, je suis Breton, donc je n'ai qu'une fortune ordinaire ; mais je mets à ton service mon amitié d'abord, ma bourse ensuite. »

Raymond tendit vivement la main à Olivier qui la prit et la serra, continuant :

— Puis, tandis que tu montais l'escalier, il m'est venu l'inspiration la plus bizarre du monde, celle de te mettre face à face avec ce joueur heureux, avec cet insolent favori de la fortune qui nous avait humiliés de sa veine durant toute la nuit, et, tu le vois, j'ai réussi.

— Mais, interrompit Raymond, comment savais-tu donc ?...

— Que tu étais ruiné ?

— Oui.

— J'ai rencontré cette nuit ton cher Maxime entrant au café Anglais avec ta maîtresse Antonia...

— Ah ! dit tristement Raymond.

— Ils se juraient un amour éternel, acheva tristement Olivier, et ils ont eu le cynisme de me conter leur aventure avec toi. Alors, mon bon ami, poursuivit le

Breton, j'ai résolu d'aller à toi et de te dire : Il ne faut désespérer ni du présent, ni de l'avenir ; la vie est une grande route semée de relais ; l'ami qu'on quitte fait place à l'ami qu'on trouve plus tard, l'amour qui se brise laisse le champ libre à un amour nouveau.

— C'est vrai, murmura Raymond.

— Ah ! fit Olivier, le regardant avec curiosité.

— Oui, reprit Raymond, car depuis

deux heures je ne sais quelle révolution étrange s'est opérée en moi.

— Tu hais Antonia ?

— Je fais mieux, je la méprise !...

— Et ?...

— Et..., soupira Raymond, je crois que, déjà... Il se tut et rougit.

Olivier lui prit les deux mains.

— Bah dit-il ! le vin nouveau est souvent meilleur que l'ancien. Je suis un ami de fraîche date, mais tu verras que je suis un ami solide.

Il y avait tant de noble franchise et d'expansion dans les paroles du Breton que Raymond n'hésita point.

Il raconta à son nouvel ami son aventure du matin.

— Comment ! s'écria Olivier, lorsque Raymond prononça le nom de l'amazone, c'est mademoiselle de Guérigny ?

— Tu la connais ? fit Raymond pâlissant.

— Je l'ai rencontrée dans le monde, l'hiver dernier. Je sais qu'elle est fort riche, fille unique, enfant gâtée et maîtresse absolue de ses actions.

— Que veux-tu dire ?

— Qu'elle épousera l'homme qu'elle aimera. Tu es jeune et beau, fais-toi aimer...

— O mon Dieu ! fit Raymond tout frémissant d'émotion.

Et il couvrit son visage dans ses deux mains.

— Attends donc, reprit Olivier : j'ai rencontré la marquise de Guérigny et sa fille chez une de mes tantes, madame de L..., qui reçoit tous les mardis. N'est-ce point mardi aujourd'hui ?

— Oui.

— Eh bien ! je te présenterai ce soir chez ma tante.

Le cœur de Raymond battit violemment.

— Mais, mon ami, dit-il, tu oublies...

— Quoi ?

— Que mademoiselle de Guérigny est riche.

— Sans doute.

— Et que... je suis... pauvre.

— Mais non, tu as là...

Et Olivier montrait le chapeau plein d'or et de billets.

— Fi ! dit Raymond qui se révolta, l'argent du jeu !...

Olivier sourit.

— Ton indignation me plaît, dit-il ; mais je vais rassurer ta conscience... Écoute-moi.

— Voyons.

— Quel âge as-tu ?

— Trente ans.

— C'est l'âge où on fait fortune. Donne-moi tes quatre cent mille francs ; je les mettrai dans l'industrie et je te gagnerai un million.

— Et alors ?...

— Alors, chaque année, tu verseras dans le tronc des pauvres vingt ou trente mille francs, jusqu'à ce que tu aies rendu à la charité cette mise de fonds que le jeu t'a prêtée.

Le front assombri de Raymond se rasséréna.

— J'accepte, dit-il.

— Eh bien ! alors, occupons-nous de ton amour. Mais d'abord, ajouta Olivier, ne perdons point de vue le terre-à-terre de la vie. Sais-tu qu'il est midi ? Je meurs de faim, déjeunons !

Et il sonna

CHAPITRE SEIZIÈME

XVI

M. Olivier de Kermarieuc n'était pas Breton impunément. Nous voulons dire qu'il avait une bonne dose d'entêtement.

Le matin, il s'était promis d'être l'ami de Raymond. Dès lors, les événements les plus extraordinaires et les plus terribles n'auraient pu le faire changer de résolution.

Une fois l'ami de Raymond, Olivier songea à remplir sa tâche en conscience.

Raymond était amoureux, Olivier devait servir l'amour de Raymond avec toute l'énergie dont un Breton est capable.

Quand les deux jeunes gens eurent déjeuné, Olivier dit à Raymond :

— Passe dans mon fumoir, prends un livre et un cigare, et attends moi.

— Où vas-tu ?

— Chez madame de L..., ma tante. Je serai de retour dans une heure. Il faut que j'annonce ta visite.

Olivier monta en voiture et se fit conduire chez madame de L..., qui demeurait rue Vanneau.

Madame de L.... était une veuve entre

deux âges, riche de cent mille livres de rente, qui recevait beaucoup de monde chaque mardi, passait pour songer à se remarier et était fort entourée.

Elle était en train de dépouiller une correspondance assez volumineuse lorsque son neveu Olivier pénétra dans son boudoir.

— Bonjour, mon enfant, lui dit-elle, comment vas-tu aujourd'hui ? Viens-tu me demander à dîner ?

— Non ma tante pas précisément, je

viens vous demander la permisson de vous présenter un de mes amis.

— Fort bien.

— Qui est amoureux...

— Ah ! fit la veuve d'un air curieux, pourvu que ce ne soit pas de moi.

— Non, ma tante, il ne vous a jamais vue.

— C'est une raison, dit la veuve en riant. Et de qui est-il amoureux ?

— D'une jeune fille qui vient chez vous chaque mardi.

— Son nom ?

— Mademoiselle de Guérigny.

— Eh bien ! mon pauvre ami, dit madame de L... ton ami est le plus malheureux des hommes.

— Pourquoi ? fit Olivier pâlissant.

— Parce que mademoiselle de Guérigny ne viendra point chez moi ce soir.

— Ah !

La veuve prit une des lettres qu'elle venait de décacheter et la tendit à Olivier.

Olivier prit la lettre et lut :

« Ma chère baronne,

» Vous n'excuserez pour ce soir, n'est-
» ce pas ? quand vous saurez qu'à l'heure
» même où vous ouvrirez votre salon à
» vos invités, nous roûlerons ma fille et moi,
» en train express sur la ligne de Bour-
» gogne.

» Nous allons passer quelques jours chez
» ma cousine madame de Saunières, au
» château de l'Orgerelle en Morvan.

» Mille amitiés toujours,

» Marquise de GUÉRIGNY. »

Olivier froissa la lettre avec une colère toute bretonne.

— Oh ! oh ! dit la veuve, je croirais volontiers que c'est toi qui es amoureux de mademoiselle de Guérigny.

— Non, ma tante, c'est mon ami ; mais, pour moi c'est absolument la même chose. J'aime mon ami comme moi-même. Connaissez-vous la baronne de Saunières dont madame de Guérigny parle dans sa lettre ?

— Non.

— Savez-vous au moins dans quelle

partie du Morvan elle a son château ?

— Pas davantage. Mais dit madame de L..., est-ce que ton ami serait homme à suivre ces dames ?

— Nous les suivrons.

— Hein ?

— J'accompagnerai mon ami.

— Mais tu es fou !

— Nullement. Adieu ma tante. Ne comptez pas sur moi ce soir.

Et Olivier prit son chapeau.

— Mais, écervelé que tu es ! fit madame de L... en le retenant, tu me diras au moins...

— Quoi ?

— Comment est ton ami ?

— C'est un fort joli garçon très-distingué.

— Est-il riche.

— Non, il a une vingtaine de mille francs de rente.

— Mais, malheureux, dit madame de L..., mademoiselle de Guérigny a plusieurs millions de dot.

— Eh bien ! qu'importe ?

— Porte-il un beau nom ?

— Il s'appelle Raymond.

— Raymond de quoi ?...

— Raymond tout court.

La veuve haussa les épaules et se demanda si son neveu Olivier n'était pas devenu fou.

Mais Olivier était déjà loin.

— Allons mon ami dit il en arrivant tout essoufflé chez lui où il avait laissé Raymond, fais tes malles.

— Plaît-il ?

— Nous partons.

— Hein ?

— Ce soir, par l'express.

— Où allons-nous ?

— Je n'en sais rien. Mais nous les suivons.

— Qui ?

— La marquise et sa fille.

— Comment ! s'écria Raymond, elles ont quitté Paris ?

— Elles partent ce soir. Mais, sois

tranquille, je ne suis pas Breton pour rien, acheva Olivier plein de résolution et d'entrain.

. . . . , ...

CHAPITRE DIX-SEPTIÈME

XVII

A quatre jours de distance, par une belle soirée un peu froide, deux jeunes gens couraient en tilbury sur une route de traverse, au milieu de ces grands bois qui couvrent la sauvage et pittoresque contrée appelée le Morvan.

La nuit était claire, la lune brillait au ciel.

Ces deux jeunes gens, on le devine, n'étaient autres que Raymond et son ami Olivier.

Ils se rendaient chez un ami commun, M. Charles Vulpin, sportman distingué, membre du club de ces messieurs et qui avait un pied-à-terre de chasse en pleine forêt Morvandelle.

Nos deux voyageurs s'étaient rendus à Auxerre en chemin de fer, puis d'Auxerre à Clamecy en voiture.

Là seulement, ils avaient appris que le château de l'Orgerelle, habité par madame de Saunières et où devaient se trouver la marquise de Guérigny et sa fille, était situé à cinq lieues de Clamecy sur la route d'Avallon à Château-Chinon, et en même temps à deux lieues environ de l'habitation de M. Vulpin.

Raymond et Olivier avaient pris un tilbury à Clamecy vers dix heures du matin, et depuis lors ils couraient au grand trot d'un de ces merveilleux petits chevaux du Nivernais qui font des prodiges de vitesse et auxquels on a donné le nom de *charbonniers*.

Depuis deux heures environ, la route que nos voyageurs parcouraient était encaissée dans la forêt.

Mais tout à coup elle fit un brusque détour, l'horizon s'élargit et un paysage charmant se déroula, aux molles clartés de la lune, devant les yeux éblouis de Raymond et d'Olivier.

A la forêt succédaient une jolie vallée au milieu de laquelle resplendissait un étang.

Au bord de l'étang, entouré d'un massif de grands arbres, se dressait un coquet castel en briques rouges dont les tourelles pointues étaient couvertes d'ardoises.

Olivier et Raymond s'arrêtèrent un moment.

— Tiens ! dit ce dernier, regarde :

Et il étendait la main vers l'étang.

Une petite barque allongée, mignonne, glissait à la surface de l'eau, se dirigeant vers le castel.

Dans la barque, deux femmes étaient assises à l'arrière.

Un batelier, en manches de chemises, tenait les avirons.

En dépit de la clarté de la lune, les passagères étaient trop loin pour qu'on pût distinguer leurs traits; mais un frais éclat de rire de femme qui trahaissait la jeunesse, traversa la nuit silencieuse, et Raymond sentit tout son sang remonter à son cœur.

— Mon Dieu! murmura-t-il, si c'était elle!

Un bruit de grelots se fit entendre sur la route.

Une charrette tentée venait à la rencontre du tilbury.

— Hé! l'ami? dit Olivier en croisant le charretier?

Celui-ci s'arrêta et ôta son bonnet bleu et blanc.

— Sommes-nous encore bien loin de Montdidier?

— Un quart de lieue à peine, messieurs.

— Etes-vous du pays?

— Pour vous servir.

— Alors vous connaissez la maison de campagne de M. Vulpin?

— Certainement, répondit le charretier.

Si votre cheval marche bien, vous pouvez y aller en vingt-cinq minutes. C'est la première maison blanche, à gauche de la route, que vous trouverez en rentrant dans la forêt, après avoir traversé le village.

— Merci bien !... Et ce château qui est là-bas derrière nous ?

— Au bord d'un étang ?

— Oui.

— Ça, dit le charretier, c'est l'Orgerelle, le château de madame de Saunières.

Raymond eut un battement de cœur.

— Tu vois, dit-il à Olivier.

Les deux jeunes gens souhaitèrent le bonsoir au roulier et continuèrent leur chemin.

Une demi-heure après, ils arrivaient à la grille de la maison de M. Vulpin.

C'était un petit cottage au milieu des bois, un vrai pied-à-terre de chasse, bâti en briques rouges.

M. Vulpin, chasseur enragé, y passait une partie de l'automne, et souvent il y revenait au printemps.

En Morvan, on chasse à peu près toute l'année, grâce à une loi récente qui autorise la destruction des bêtes fauves et du lapin.

Olivier, qui n'avait pas vu M. Vulpin à Paris depuis quelques semaines, en avait conclu qu'il devait se trouver à *Bois-Lambert.* C'était le nom de sa propriété morvandelle.

Cependant, lorsqu'il fut devant la grille, Olivier remarqua, non sans inquiétude, que toutes les fenêtres de l'habitation étaient closes.

Une seule, au rez-de-chaussée, laissait filtrer un jet de lumière à travers ses persiennes.

Olivier sonna. Une porte s'ouvrit et un domestique accourut.

— M. Vulpin? demanda Olivier.

— Monsieur est à Paris, répondit le valet.

— C'est impossible !

— Monsieur est parti ce matin. Mais,

ajouta le valet, si je ne me trompe, c'est monsieur de Kermarieuc.

— Ah! c'est toi, Joseph?

— Oui, Monsieur.

— Alors, ouvre-nous, et donne-nous un lit et un souper.

Le valet s'empressa de prendre le cheval par la bride et de faire entrer le tilbury dans la petite cour.

Puis, il appela la femme du jardinier, qui, avec son mari et lui, composait tout le domestique de la maison, et il lui donna des ordres à la hâte.

Olivier et Raymond furent introduits dans la salle à manger, et là ils se regardèrent avec un certain désappointement.

— Bah ! fit enfin Olivier, Vulpin nous eût été fort utile, car il doit connaître tout le monde dans les environs; mais nous nous passerons de lui.

— Cependant, observa Raymond, on ne peut pas demeurer ici indéfiniment en son absence.

— Je m'arrangerai pour cela.

Et comme Joseph s'empressait de dresser la table dans la salle à manger, en s'excusant du mauvais souper que ces Messieurs allaient faire, Olivier lui dit :

— Est-ce que ton maître est absent pour longtemps ?

— Monsieur reviendra dans huit jours.

— Eh bien ! nous l'attendrons...

Ces paroles d'Olivier étonnèrent le valet; mais il ne dit mot et continua à mettre le couvert.

Quelques minutes après, Raymond et son nouvel ami était à table.

Alors Olivier regarda le valet d'un air d'intelligence et lui dit :

— Es-tu discret ?

— Mais, dame ! Monsieur...

— Nous venons ici pour une affaire assez importante, poursuivit Olivier. Or, tu sais que je suis l'ami de ton maître.

— Oui, Monsieur.

— Par conséquent, tu peux me servir.

Joseph s'inclina.

— Je paie bien, acheva Olivier.

— Je suis aux ordres de Monsieur.

Et le valet se rapprocha et parut attendre une confidence.

— Sais-tu à qui appartient le château de l'Orgerelle ?

— A madame la baronne de Saunières.

— Ton maître la connaît-il ?

— Oui, Monsieur. Il chasse même souvent avec son fils.

A ces derniers mots, Raymond tressaillit.

— Ah! dit Olivier, il y a un fils.

— Oui, Monsieur.

— Quel âge a-t-il ?

— Vingt huit ou trente ans.

— Est-il marié ?

— Non, Monsieur.

— Diable! murmura Olivier en fronçant le sourcil, aurions-nous un rival ?

Puis il ajouta :

— M. Vulpin a-t-il laissé des chevaux ici ?

— Oui, Monsieur, ses deux chevaux de chasse.

— Très-bien ! Nous les monterons demain, et, fit Olivier, nous irons pousser une reconnaissance vers l'Orgerelle.

Raymond et Olivier achevèrent tranquillement leur souper, puis Joseph les conduisit dans l'appartement que M. Vulpin réservait à ses amis, une chambre à deux lits qu'on appelait à Bois-Lambert la chambre des chasseurs.

— Mon bon ami, dit alors Olivier, je sais bien que les amoureux ne dorment pas dans les romans; mais dans la vie réelle, c'est bien autre chose.

— Tu crois?

— Parbleu! et je suis bien certain que tu vas dormir. Moi, je suis brisé.

Et Olivier se mit au lit et ne tarda point à s'endormir.

Raymond songea longtemps à la belle mademoiselle de Guérigny, — mais il finit par s'endormir, lui aussi, et le soleil levant pénétrait à flots dans la chambre, quand il s'éveilla.

CHAPITRE DIX-HUITIÈME.

XVIII

Olivier était déjà levé, habillé et coiffé d'une casquette ronde à longue visière, comme on en porte à la chasse.

— Allons, mon ami, debout, debout! dit-il à Raymond, nous partons.

— Mais... où allons-nous ?

— A la découverte.

— Plaît-il ?

— Je t'ai laissé dormir à ton aise, poursuivit Olivier, et, pendant ce temps, je me suis mis en quête, j'ai pris des renseignements.

— Ah !

— Je suis au courant de bien des choses.

— Vraiment !

— Mademoiselle de Guérigny et sa mère sont à l'Orgerelle depuis deux jours. Il y a des projets secrets entre la baronne de Saunières et la marquise de Guérigny.

— Que veux-tu dire ?

Et Raymond frissonna.

— Mais nous allons nous jeter bravement à la traverse.

— Olivier !...

— Bah ! je m'expliquerai plus tard. A présent, songeons à partir.

— Mais enfin, je ne suppose pas, dit Raymond inquiet, que tu me veuilles présenter au château de l'Orgerelle.

— Non, pas aujourd'hui, du moins.

— Alors...

— Mais nous rencontrerons probablement ces dames, et, qui sait? peut-être ferons-nous connaissance?

— Je ne comprends plus...

— Tu vas voir. Ah! d'abord je te dirai que j'ai mis Joseph dans nos confidences.

— Imprudent!

Olivier haussa les épaules !

— Joseph est un garçon d'esprit... et il aime les gros gages. Je lui ai promis cent louis pour le jour où tu épouseras...

— Ah ! tais-toi, murmura Raymond, les fausses espérances font trop de mal...

— Je reprends. Nous montons à cheval, et, le couteau de chasse au flanc, la trompe sur l'épaule, le fusil au talon de la selle, nous allons courre au chevreuil.

— Où cela ?

— Dans les bois de mon ami Vulpin.

Joseph est déjà parti avec l'équipage qui se compose de huit beaux chiens de Vendée. Il m'a parfaitement indiqué le chemin du rendez-vous. C'est à une lieue d'ici, du côté du château de l'Orgerelle.

— Ah!

— Précisément le jeune baron de Saunières chasse aujourd'hui. Ses bois et ceux de Vulpin se touchent.

— Bien. Mais...

— Et tu penses bien qu'une lionne comme mademoiselle de Guérigny ne manquera point de suivre la chasse. Nous aurons du malheur si nous ne la rencontrons pas.

Tandis qu'Olivier parlait, Raymond s'était habillé et avait revêtu un costume de chasse emprunté à la garde-robe de M. Vulpin.

Les deux amis montèrent à cheval à huit heures précises et prirent au petit galop le chemin indiqué par Joseph.

Le valet de M. Vulpin, un véritable Frontin, un laquais intelligent et rusé s'il en fut, né pour l'intrigue et s'intéressant aux amours de ceux qu'il servait, comme il se fût intéressé aux siennes, — Joseph, disons-nous, avait indiqué pour rendez-vous à Olivier un petit carrefour, au milieu de la forêt, dans lequel débouchait la grande ligne qui la coupait dans toute sa longueur.

C'était là qu'il attendait avec ses chiens couplés.

Quand les deux jeunes gens arrivèrent, Joseph mit un doigt sur ses lèvres :

— Chut! dit-il, écoutez.

Et il étendit la main gauche vers l'ouest.

Un bruit lointain, confus, une vague rumeur se faisait entendre.

— Qu'est-ce que cela? demanda Olivier.

— C'est la meute de M. de Saunières.

— Déjà!

— Oh! Monsieur, répondit Joseph, le baron est matinal maintenant. Ecoutez bien ce que je vais vous dire.

— Voyons! fit Olivier.

— C'est un sanglier que le baron court. On ne peut pas s'y tromper. Ecoutez..... la meute se rapproche.

En effet, les aboiements devenaient plus distinct.

— Joseph continua :

— Nous allons découpler ; nos chiens lanceront un chevreuil.

— Bon !

— Le chevreuil prendra le vent, et se dirigera vers cette vallée, là bas, où gronde la meute du baron. Alors nos chiens rencontreront les chiens de M. de Saunières, et ils abandonneront la voie du chevreuil pour donner sur celle du sanglier. Monsieur comprend-il ?

— Parfaitement.

— De telle façon, ajouta Joseph, que nous assisterons tous à l'hallali.

— Mais, observa Raymond, où allons-nous trouver un chevreuil ?

— Oh! là; dans ce taillis, il sera sur pied avant dix minutes...

Et Joseph découpla ses chiens et poussa

son cheval vers le taillis en criant :

— Oh! la, la! mes petits chiens, oh! la, la, la!

. . . .

— Ce drôle est sorcier ! disait, une heure après, Olivier à Raymond, en parlant de Joseph ; les choses tournent selon ses prévisions.

En effet, les deux jeunes gens galopaient sur les derrières de la petite meute, qui chassait à pleine gueule un superbe brocard, dont ils avaient *revu* deux fois déjà.

La bête avait pris un grand parti. Elle s'en était allée tout droit vers la vallée indiquée par Joseph, au fond de laquelle les chiens de M. de Saunières faisaient un tapage d'enfer. Le sanglier se faisait tourner dans un taillis dont il ne voulait pas sortir.

Alors il arriva, ce que Joseph avait parfaitement prévu du reste, que l'équipage de M. Vulpin abandonna le train du chevreuil et se mêla à l'équipage du baron.

Ce relais imprévu força le sanglier à

quitter le taillis et à faire une pointe en plaine.

Mais bientôt il rentra sous bois, et Olivier, qui sonnait un vigoureux bien-aller, entendit retentir à un quart de lieue la fanfare du baron.

— Ma foi! dit-il à Raymond, nous n'avons plus qu'une chose à faire, suivons la chasse.

Et il poussa son cheval et Raymond l'imita.

Tous deux galopèrent sous la futaie allant à la rencontre des chiens.

Le sanglier semblait se rapprocher et venir sur eux, si on en jugeait par le tapage infernal de la meute.

Raymond était amoureux, mais il avait été chasseur passionné, et il le redevint en voyant le sanglier passer, rapide, à cent cinquante mètres de lui, dans une éclaircie du bois, au milieu d'une trentaine de chiens acharnés à sa poursuite.

Un coup d'œil jeté sur le terrain lui fit

comprendre que la bête allait faire un nouveau crochet et reviendrait passer tout près de lui.

Alors il s'arrêta, mit pied à terre et arma son fusil, après avoir attaché son cheval à un arbre.

La fanfare de M. de Saunières retentissait toujours dans le lointain.

Raymond fit quelques pas en avant et atteignit ce qu'on appelle une *croix*, c'est-à-dire le point de jonction de deux lignes qui se croisent.

Mais là il s'arrêta de nouveau, et son cœur se prit à battre violemment d'une toute autre émotion.

Il venait de voir passer sous la futaie un cheval au galop emportant une amazone.

C'était *elle !*

Elle qui suivait la chasse de si près que Raymond revit le sanglier à trente pas devant elle ; et ce qu'il avait prévu arriva. L'animal épuisé quitta le taillis et se mit à suivre une des deux lignes. L'amazone galopait toujours derrière lui, et meute, sanglier, amazone venaient droit à la *croix* où Raymond attendait.

Mais, tout à coup, le sanglier furieux et hors d'haleine se retourna, fit tête aux chiens, en éventra deux ou trois, et voulut rebrousser chemin.

En ce moment le cheval de l'amazone eut peur et se cabra.

La jeune fille poussa un cri de terrible angoisse...

Mais, en ce moment aussi, Raymond

s'élança, épaula son fusil, ajusta le sanglier et fit feu…

CHAPITRE DIX-NEUVIÈME.

XIX

Si nous voulons savoir ce qui s'était passé dans la forêt, il faut nous transporter au château de l'Orgerelle, le lendemain de ce jour où mademoiselle de Guérigny avait vu arriver à son secours notre héros Raymond.

C'était le soir, après dîner.

Auprès d'une table à ouvrage, Blanche de Guérigny et sa dame de compagnie, madame de Bertaut, causaient à mi-voix.

A l'autre extrémité du salon, au coin de la cheminée, madame de Guérigny et madame de Saunières causaient également.

Enfin, derrière elles, appuyé au marbre de la cheminée, le jeune baron de Saunières était dans une attitude silencieuse et méditative.

De temps à autre le jeune homme jetait un regard à la dérobée vers la table à ouvrage ; mais il était difficile de préciser si ce regard s'adressait à Blanche de Guérigny ou à madame de Bertaut, s'il était guidé par la curiosité ou par l'amour.

Blanche disait tout bas à sa dame de compagnie :

— Je trouve que madame de Saunières

aurait fort bien pu inviter ces messieurs à dîner hier.

— D'autant plus, répondit madame de Bertaut, que tous deux sont chez M. Vulpin, lequel chasse avec son fils très-souvent; mais la baronne est une femme prudente.

Ces simples mots firent tressaillir mademoiselle de Guérigny. Un vif incarnat colora ses joues et monta jusqu'à son front.

— Car, ne vous le dissimulez pas, continua madame de Bertaut qui se rapprocha de Blanche et baissa encore la voix, madame de Saunières tient beaucoup à vous avoir pour bru.

Blanche eut un battement de cœur, cependant elle s'efforça de répondre d'un ton enjoué :

— Oh! nous n'en sommes pas là encore, Dieu merci !

— Mais, chère enfant, nous ne sommes venues à l'Orgerelle que pour...

— Chut! mon amie... taisez-vous...

Blanche, à son tour, jeta un regard rapide et furtif sur le jeune baron de Saunières.

— Il n'a pas l'air fort épris de moi, ce me semble.

— Bah! voyez comme il est triste et mélancolique.

— Mais je crois qu'il est toujours ainsi.

— Qu'en savez-vous?

Blanche ne répondit point à cette dernière question, mais elle regarda pour la seconde fois M. de Saunières et le surprit les yeux fixés sur madame de Bertaut.

— Quel âge avez-vous, mon amie? lui dit-elle un peu brusquement.

— Trente-quatre ans bien sonnés, mon enfant.

— Ah!

— Pourquoi me demandez-vous cela?

— Oh! c'est une idée sans conséquence, fit Blanche négligemment. Savez-vous que vous êtes toujours fort belle?

— C'est bien inutile, répondit tristement la veuve.

Et comme si elle eût voulu éviter de

parler d'elle-même, elle se hâta de reprendre :

— Savez-vous bien que votre bel inconnu du bois de Boulogne vous a sauvé la vie hier?

— Oh! je le sais... sans lui j'étais perdue!

— Et convenez que tout s'est passé comme dans un roman... il s'est trouvé là à point.

— Ah! chère... fit Blanche qui rougissait toujours, quand je songe à tout cela, je crois rêver... et il est impossible que le hasard seul...

Madame de Bertaut se prit à sourire.

— Le hasard, dit-elle, ne se mêle que des affaires de ceux qu'il protége; et si vous avez rencontré votre bel inconnu du *bois* dans une forêt morvandelle, c'est que...

Blanche interrompit vivement sa dame de compagnie :

— Ainsi, dit-elle, vous croyez qu'il m'a suivie?

— Qui ? le hasard ?

— Non, *lui*.

— Oh ! je ne dis pas cela... C'est le hasard... Voilà tout...

Et madame de Bertaut souriait toujours...

Mais mademoiselle de Guérigny, parvenue à dominer son trouble, lui dit vivement :

— Eh bien ! supposons qu'il m'ait suivie... Car tenez, hier, lorsqu'il a tiré le sanglier... il était si ému...

— Soit, dit madame de Bertaut, supposons qu'il vous ait suivie... parce que... il vous aime...

Blanche devint cramoisie.

— Il est jeune, il est beau, il doit être riche, poursuivit madame de Bertaut...; mais vous vous défiez si bien, mon enfant, de tous ceux qui vous font la cour, tant vous craignez que l'appât de votre dot...

— Oh! interrompit Blanche, celui-là, non... J'ai lu dans ses yeux...

— Vous avez lu dans ses yeux? fit la

dame de compagnie en souriant; mais alors vous êtes bien plus avancée que moi et vous n'avez nul besoin de mon expérience.

— Mais si... Au contraire...

— Comment?

— Dame! fit naïvement la jeune fille, je ne sais trop ce qu'il faut faire, moi.

— Attendre! répondit la veuve.

Ce mot était gros de sagesse.

— C'est fort bien, murmura Blanche, mais M. de Saunières?...

— Ah! c'est juste!

— Et sa mère?...

En ce moment madame de Bertaut leva les yeux vers la baronne, qui continuait à causer avec madame de Guérigny; son regard rencontra celui du jeune baron de Saunières, et soudain elle tressaillit, comme si du croisement de ces deux regards eût jailli une étincelle électrique.

. . . .

La baronne et la marquise causaient toujours à mi-voix.

— Ma chère cousine, disait la première, mon fils a trente-deux ans bien sonnés, et il est arrivé à cet âge sans que les passions et les orages de la jeunesse aient effleuré son âme. Ce sera pour votre fille un mari modèle.

— Ma bonne amie, répondait la marquise, je vous l'ai déjà dit, je souhaite ardemment cette union qui resserrerait si bien nos liens de parenté et d'amitié, et mon arrivée chez vous en est la meilleure preuve; mais je vous ai dit aussi que je laisserais ma fille seule arbitre de sa destinée,.. et si elle n'aimait pas... votre fils...

— Oh! fit la baronne avec l'accent de l'orgueil maternel... s'il en était autrement... elle serait bien difficile.

La marquise ne répondit pas, mais, à son tour, elle regarda Raoul de Saunières.

Le jeune baron était un fort beau cavalier, dans la plus complète acception du mot. Il était grand, bien pris en sa taille, d'une distinction parfaite, et son visage avait un charme mélancolique infini.

La marquise fut un peu de l'avis de la châtelaine de l'Orgerelle, sa cousine.

Si ma fille, pensa-t-elle, ne trouve pas Raoul de son goût, elle sera bien difficile en effet.

Raoul de Saünières était si près de sa mère qu'il aurait pu entendre sa conversation avec madame de Guérigny.

Mais il était complétement absorbé et sa

distraction ne lui permit point d'en saisir un seul mot.

Tout à coup il quitta la cheminée et s'approcha de la table à ouvrage devant laquelle Blanche et madame de Bertaut étaient assises.

Il y avait sur cette table des livres et des journaux.

Le jeune baron s'assit auprès de Blanche et déchira la bande du *Constitutionnel*, disant d'un ton qu'il s'efforça de rendre enjoué :

— Voyons donc un peu où en sont les affaires d'Italie. Je vais tâcher de prendre goût à la politique.

Madame de Bertaut se leva.

Etait-ce par discrétion et voulait-elle laisser M. de Saunières faire librement sa cour à sa jeune cousine, ou bien agissait-elle sous l'impulsion d'un autre sentiment.

C'eût été difficile à dire.

Toujours est-il qu'elle se leva et se dirigea sans affectation vers la cheminée, s'approchant ainsi de la marquise et de madame de Saunières.

La table à ouvrage, nous l'avons dit, était à l'extrémité opposée du salon, et le salon du château de l'Orgerelle était immense.

Blanche n'avait pas quitté sa tapisserie et ne paraissait point s'apercevoir de la présence de son cousin.

Bien que se connaissant depuis deux jours à peine, Blanche de Guérigny et

Raoul de Saunières se traitaient de cousins.

Or Blanche, depuis la veille surtout, depuis qu'elle avait revu le bel inconnu du *bois*, ne redoutait rien tant qu'un tête-à-tête avec le baron de Saunières, — ce tête-à-tête devant, selon elle, entraîner une respectueuse déclaration.

Pendant quelques minutes, Raoul parcourut le journal qu'il avait à la main; puis il le reposa sur la table et se pencha vers mademoiselle de Guérigny.

— Ma cousine ? fit-il bien bas.

Blanche leva les yeux et le regarda avec inquiétude.

— Parlez-vous l'anglais ? reprit-il.

Cette question n'avait rien d'incendiaire et Blanche respira.

— A peu près comme le français, répondit-elle.

— Moi aussi.

— Ah !

— Madame votre mère aussi, peut-être ?...

— Oh! maman n'en sait pas un mot.

— Ma mère non plus. Et madame de Bertaut?

— Pas davantage. Mais pourquoi cette question, mon cousin?

Raoul répondit aussitôt en anglais :

— Parce que je voudrais vous entretenir de choses qui doivent rester entre nous.

Cette fois Blanche tressaillit plus vivement que jamais.

— Nous y voici, pensa-t-elle.

Cependant elle répondit dans la même langue :

— Soit, parlons anglais.

Alors M. de Saunières baissa un peu l'abat-jour de la lampe, de façon à placer dans la pénombre le visage de Blanche et le sien.

Puis, la regardant :

— Ma cousine, reprit-il, je vais vous entretenir de choses graves, et je vous supplie de m'écouter...

— Parlez, mon cousin.

— Lorsque vous êtes arrivée ici, il y a trois jours, avec madame votre mère, j'ignorais, je vous le jure, ses projets et ceux de ma mère à moi.

Blanche se tut.

— Je les connais depuis ce matin, continua Raoul, et je veux vous en parler... à cœur ouvert...

Mademoiselle de Guérigny leva les yeux sur Raoul.

Raoul était calme, sérieux, toujours triste.

Et comme Blanche continuait à garder le silence :

— Ma mère et la vôtre me semblent être allées bien vite. Qu'en pensez-vous, ma cousine ?

— Mais... en effet... balbutia Blanche.

— Et je gage que ni l'une ni l'autre ne se sont inquiétées de savoir si... à Paris... un autre que moi...

Raoul s'arrêta. Blanche avait pâli.

Il y eut un moment de silence entre les

deux jeunes gens, — silence que Raoul rompit le premier.

— Tenez, ma cousine, dit-il, pardonnez-moi ma franchise, je vais vous dépeindre vos propres sentiments.

— Mes sentiments! fit-elle avec un certain effroi.

— Vous avez refusé vingt partis brillants durant le cours du dernier hiver. Est-ce vrai?

— C'est vrai.

— Et vous avez donné pour raison que

vous n'étiez point certaine que ceux qui recherchaient votre main ne recherchassent pas un peu votre dot.

— Dame! fit naïvement la jeune fille, je suis si riche! C'est désolant, en vérité! Convenez-en, mon cousin...

— Soit. Mais cette raison était-elle la seule?...

— Oui.

Et l'accent de Blanche était rempli de franchise.

— Alors, peut-être ; mais... aujourd'hui... si on demandait de nouveau votre main.

— Mon cousin!... fit mademoiselle de Guérigny, dont la voix trembla soudain.

— Chut, dit le jeune homme, je ne suis point un fiancé... mais... un ami...

— Vous?

— Un frère, si vous voulez...

— Que dites-vous?

— Tenez, ma cousine, reprit le jeune homme avec émotion, supposons un moment que votre cœur ne vous appartient plus...

— Oh!

— Et que le projet de nos mères n'est réalisable qu'au prix de votre malheur éternel...

— Mais, mon cousin...

— Et que dans ces conditions-là, je vienne à vous et vous dise : Ma chère cousine, je suis un grand coupable, car j'aurais dû me trouver sur votre route le premier, alors que vous étiez la maîtresse de votre cœur. Eh bien! puisque j'ai commis une faute, je viens la réparer...

Et Raoul regardait affectueusement Blanche de Guérigny, et il continua :

— Je viens réparer cette faute, ma chère cousine, en vous disant : Non-seulement je n'aurai point la fatuité d'aspirer à votre amour et de demander votre main, mais je viens me mettre à vos ordres... et je désire vous servir de tout mon pouvoir.

Blanche sentit tout son sang affluer à son cœur et elle devint d'une pâleur mortelle.

Raoul avait son secret.

Le jeune homme lui prit respectueusement la main :

— Je veux être votre ami, votre frère, votre confident... dit-il...

— Mais, fit la jeune fille qui se révoltait, malgré elle, à la pensée qu'un autre avait pénétré le secret de son cœur, je ne sais en réalité, mon cousin, ce que vous voulez dire...

— Vous souvenez-vous de votre chasse d'hier ?...

— Eh bien?

— Et de... ce jeune homme... qui?...

— Raoul s'arrêta. Blanche n'était plus pâle; une vive rougeur avait reparu sur ses joues.

— J'ai tout deviné, acheva M. de Saunières... ce jeune homme vous aime...

— Mon cousin!

— Et vous l'aimez...

— Oh!...

— Tenez, pardonnez-moi de savoir ainsi vos petits secrets, ajouta Raoul, ce n'est vraiment pas ma faute ; et sans la rencontre que j'ai faite ce matin...

— Une rencontre! dit Blanche de plus en plus émue.

— Oui, et je vais vous la raconter.

Le cœur de la jeune fille battait violemment.

Raoul continua :

CHAPITRE VINGTIÈME

XX

Voici à peu près ce que M. Raoul de Saunières raconta à mademoiselle Blanche de Guérigny, sa cousine.

M. de Saunières chassait tous les jours, tantôt à cheval, tantôt à pied.

Le matin de ce jour, il était sorti de l'Orgerele avec un chien d'arrêt et un fusil et il s'en était allé tirer des perdrix rouges dans les vignes, de l'autre côté de l'étang. Il tiraillait depuis une heure environ lorsqu'il avait entendu retentir un coup de fusil.

— Oh! oh! s'était-il dit avec ce premier mouvement d'humeur naturel à tous les chasseurs, qui donc se permet de venir braconner sur mes terres ?

Il était entré dans les vignes et n'avait point tardé à apercevoir un chasseur, vêtu comme lui d'une veste-carnier en velours et devant lequel quêtait, le nez au vent, un bel épagneul écossais.

Raoul de Saunières reconnut le chien.

C'était le *setter* de M. Vulpin.

Le chasseur qui le suivait n'était pas M. Vulpin, mais bien M. Olivier de Kermarieuc.

La veille, à la mort du sanglier, que Raymond avait tué roide au moment où il s'élançait vers le cheval épouvanté de mademoiselle de Guérigny, les deux jeunes gens avaient fait connaissance avec le baron de Saunières.

On s'était expliqué en quelques mots. Raoul avait appris que ces messieurs étaient chez son voisin M. Vulpin. Il avait insisté pour que ces messieurs emportassent le sanglier.

Ces messieurs avaient refusé avec non

moins de ténacité. On s'était salué et séparé, sans témoigner d'aucune part le désir de se revoir.

Cependant, en reconnaissant Olivier, M. de Saunières alla droit à lui.

Olivier, de son côté, voyant à qui il avait affaire, marcha à la rencontre de M. de Saunières.

Et lorsqu'il ne fut plus qu'à dix pas, le jeune Breton ôta sa casquette et dit au baron :

— Me voilà pris, monsieur, en flagrant

délit de braconnage, et je n'aurai certes pas à vous donner pour excuse mon ignorance de vos limites, car je suis sur vos terres depuis une heure environ.

Raoul salua et sourit.

— Supposez, monsieur, répondit-il, que vous allez à l'Orgerelle.

— Ah! fit Olivier.

— Dans le but de me demander à déjeuner, ajouta Raoul avec une courtoisie exquise.

— Vous êtes mille fois aimable, monsieur, reprit Olivier, et il y a même quelque chose de vrai dans votre supposition.

— Ah! mais tant mieux, alors!...

— Permettez, je n'allais point à l'Orgerelle, je ne songeais pas davantage à vous demander à déjeuner, mais...

— Mais? fit Raoul.

— Je marchais dans la direction de votre château, avec l'espoir de vous rencontrer.

— Ma foi! monsieur, dit le baron avec franchise, ce que vous faites aujourd'hui, je l'eusse probablement tenté demain.

— Ah!

— Vous êtes un ami de M. Vulpin avec lequel j'ai d'excellents rapports de chasse et de voisinage, et je comptais aller vous faire une visite.

Olivier s'inclina :

— Monsieur, dit-il, vous eussiez été le bienvenu; et cependant je préfère mille fois vous avoir rencontré aujourd'hui.

— Pourquoi donc, monsieur?

— Parce que je désire avoir avec vous un entretien de quelques minutes.

— Avec moi ?

Et Raoul, étonné, regarda Olivier.

— Avec vous, répéta celui-ci.

— Alors, monsieur, si vous voulez me suivre à l'Orgerelle...

— C'est inutile. Tenez, asseyons-nous là, au pied de cet arbre.

— Soit.

Olivier mit son fusil entre ses genoux, et M. de Saunières s'assit auprès de lui, fort intrigué de ce qu'il pouvait avoir à lui dire.

Olivier reprit :

— Figurez-vous, monsieur, que mon ami que vous avez vu hier, et moi, nous sommes venus de Paris tout exprès pour apercevoir les tourelles de votre manoir. Cela vous étonne, n'est-ce pas?

— Un peu, en effet.

— Ah! mais pardon, j'oubliais de vous dire qui nous sommes.

— Des gens fort bien élevés, ce me semble, fit Raoul avec un sourire.

— Cela ne suffit pas. Je me nomme

Olivier de Kermarieuc et suis gentilhomme breton.

— Seriez-vous le fils ou le neveu du colonel de ce nom, demanda Raoul, avec lequel mon oncle maternel, M. de Rochenoire, a longtemps servi?

— C'était mon père, répondit Olivier, et puisque vous êtes le neveu de M. de Rochenoire qui m'a fait bien souvent sauter, enfant, sur ses genoux, j'en conclus que nous allons être amis tout de suite.

— Mais c'est fait, dit Raoul.

Et il tendit gracieusement la main à Olivier.

Olivier continua :

— Figurez-vous, monsieur, que nous sommes, mon ami et moi, de vrais personnages de roman.

— Comment cela?

— Nous courons le monde à la suite d'une aventure; c'est-à-dire que mon ami Raymond est amoureux fou.

— Ah!

— D'une personne qui habite momentanément le château de l'Orgerelle.

— Et qu'il a sauvée hier d'un danger certain, ajouta Raoul.

La physionomie du baron de Saunières était demeurée calme, et rien en lui n'avait trahi la moindre émotion ; si bien que la pensée que mademoiselle de Guérigny pouvait lui être destinée ne vint même pas à Olivier.

Le Breton reprit :

— J'aime à aller droit au but ; et je vois mon ami si malheureux et si épris, que je n'hésite pas un moment à venir vous prendre pour confident, à la seule fin de savoir si vous pouvez faire quelque chose pour nous.

— Ma foi! monsieur, dit Raoul, vous avez une franchise chevaleresque à laquelle on ne saurait résister. Je n'ai que peu d'influence sur la marquise de Guérigny, ma parente; mais je ferai tout ce qui dépendra de moi pour être utile à votre ami. Seulement...

— Je devine, interrompit Olivier, vous

désirez quelques renseignements sur mon ami Raymond?...

— Nullement, répondit Raoul. Un homme de votre nom, monsieur, ne présenterait point un aventurier; je voulais seulement vous adresser une question.

— Faites.

— Vous m'avez dit que M. Raymond était éperdûment amoureux de mademoiselle de Guérigny?

— Oui.

— Mais vous ne m'avez pas dit...

— Si mademoiselle de Guérigny aimait mon ami Raymond?

— Justement.

— Eh bien! à vous parler franchement, je vous dirai que je le crois, bien qu'ils ne se soient rencontrés que deux fois. Je vous assure qu'hier...

— Oui, hier, en effet, interrompit M. de Saunières, il m'a semblé que ma cousine rougissait bien fort en échangeant quelques mots avec votre ami...

— Ah! vous l'avez remarqué?

— Et, dit encore le baron, Blanche a été préoccupée toute la soirée. Au reste, monsieur, acheva-t-il, je serai fixé avant demain, et si demain vous voulez vous retrouver ici à la même heure...

— Soit, j'y serai.

Les deux jeunes gens causèrent amicalement ensemble pendant quelques minutes encore, puis ils se séparèrent en se donnant une poignée de main vigoureuse.

. . . .

Or, c'était cette rencontre et cet entretien

que M. de Saunières venait de raconter à sa cousine toute rougissante.

Blanche avait écouté sans prononcer un mot, et elle avait constamment tenu les yeux baissés.

Quand le baron eut terminé son récit, elle lui prit la main à son tour, et la serra doucement.

— Vous êtes noble et bon, lui dit-elle.

— Et, fit-il en souriant, vous ne savez pas encore jusqu'à quel degré.

Alors il se tourna vers sa mère, et dit tout haut :

— A propos, ma mère, j'ai commis un oubli aujourd'hui.

— Lequel, mon fils?

— Je n'ai pas songé à vous annoncer une visite pour demain.

— Une visite?

— Oui, celle de ces messieurs que nous avons rencontrés hier, et dont l'un est arrivé si bien à temps pour empêcher ma cousine d'être renversée par son cheval.

— Ah! ces messieurs doivent venir nous voir? fit la baronne.

— Mais sans doute.

— Et comment sais-tu cela?

— Je les ai revus ce matin.

— A la chasse?

— Oui. Ils m'ont témoigné le désir de se présenter au château, et j'ai pris sur moi de les inviter à dîner.

A ces derniers mots, Blanche de Guérigny enveloppa son cousin d'un regard rempli de reconnaissance.

. . . .

CHAPITRE VINGT-UNIÈME

XXI

Tandis que les hôtes de l'Orgerelle étaient réunis au salon du manoir, tandis qu'à Bois-Lambert M. Olivier de Kermarieuc affirmait à son ami Raymond que, du moment où M. Raoul de Saunières était pour eux, tout irait pour le mieux, une scène toute différente se passait dans les environs.

Le Morvan est un pays montagneux, coupé de vallées profondes, couvert de grands bois.

On donnerait volontiers à cette pittoresque contrée le nom de Petite-Écosse.

Rien ne lui manque, excepté un Walter Scott.

Elle a ses légendes brumeuses, ses traditions fantastiques, ses étangs sur lesquels les *belles de nuit* folâtrent au clair de lune, ses ruines féodales où gémissent les orfraies par les nuits d'orage.

Or, à deux lieues environ au nord du château de l'Orgerelle, au milieu des bois, se dresse un mamelon couvert de chênes rabougris, au sommet duquel existe encore une vieille tour qui porte un singulier nom : la *Cigogne*.

La *Cigogne* est le dernier vestige d'une

vaste construction féodale qui, au temps de la guerre avec les Anglais, fut prise et reprise tour à tour, tantôt par les Bourguignons et le comte de Chastellux, tantôt par les troupes du captal de Buch.

Celui-ci, qui en fut le dernier conquérant, y mit le feu et tout brûla, à l'exception toutefois de cette tour nommée la Cigogne.

Mais ce que le captal de Buch et le feu n'avaient pu faire, le temps s'en chargea.

Depuis plus d'un siècle, la *Cigogne* n'est plus qu'une ruine ouverte à tous les vents du ciel, que la foudre sillonne, que le lichen envahit, dont la toiture et les planchers se sont écroulés, et qui n'a plus pour ceinture qu'un monceau de pierres moussues et de broussailles.

Or, ce soir-là, vers dix ou onze heures, la vieille tour projetait au loin, par ses crevasses, de fantastiques et rougeâtres lueurs.

Un esprit superstitieux aurait pu croire que le diable en personne y tenait quelque mystérieuse assemblée avec les sorciers du voisinage.

Il n'en était rien cependant.

Les lueurs rougeâtres provenaient d'un feu de broussailles allumé au milieu de la ruine.

Quant au diable, il était représenté par deux hommes vêtus comme le sont les charbonniers et les bûcherons du Morvan.

Ces deux hommes se chauffaient et causaient en fumant.

Cependant, chose assez singulière, ce n'était point, comme on aurait pu le croire, à voir leur piètre costume, le modeste brûle-gueule populaire qu'ils avaient à la bouche, mais bien d'excellents cigares de la Havane, et celui qui les eût surpris ainsi et remarqué ce détail, se serait en outre aperçu qu'ils avaient les mains bien blanches pour des bûcherons ou des charbonniers.

— Ah ça! mon cher major, disait le plus jeune, convenez que vous me faites jouer un singulier rôle ?

— Bah! tu trouves?

— Dame! j'agis sans savoir pourquoi,

et j'exécute toutes vos volontés sans qu'il me soit permis de les discuter.

— Mon bon ami, répondit le major Samuel, car c'était lui, en compagnie de ce jeune homme qu'il appelait le petit baron, — mon bon ami, je t'ai déjà dit que j'étais la tête et toi le bras...

— Bon !

— Or, la tête seule pense... et si le bras avait le droit de penser...

— Eh bien ?

— La tête et le bras représenteraient à

merveille un état constitutionnel, c'est-à-dire un gouvernement dans lequel tout le monde pérore, tout le monde discute, et où personne ne fait rien qui vaille!

— Jolie phrase! murmura le petit baron avec ironie.

— Pourtant. reprit le major, je veux bien te faire une concession.

— Ah!

— Et te dire pourquoi nous sommes ici cette nuit.

— Voyons?

— Tu te souviens de notre petite association, que j'ai eu l'air de dissoudre il y a huit jours?

— Parbleu! j'étais secrétaire.

— Eh bien! un des membres dissous est ici, dans le pays.

— Bah!

— Tu sais bien que nous avions un peu de tout dans l'association, des gentlemen et des domestiques...

— Oui. Est-ce un domestique?

— Précisément. C'est le valet de chambre d'un homme qui fait courir, M. Vulpin.

— Et il est ici ?

— A une lieue, dans une maison de campagne qui appartient à son maître.

— Et cet homme peut nous être utile ?

— Mais sans doute. Il est lié par nos secrets, il nous servira.

— Et vous l'attendez ?

— Il devrait être arrivé. Je lui ai envoyé un petit billet qui portait le signe maçonnique de notre association.

Comme le major parlait, on entendit au

dehors un bruit de pas qui froissaient des feuilles mortes et des broussailles.

— Le voilà, dit le major.

Tous deux se retournèrent et virent un homme qui entrait par une des brèches de la tour, un fusil de chasse en bandoulière.

CHAPITRE VINGT-DEUXIÈME.

XXII

L'homme qui entrait, un fusil de chasse sur l'épaule, était maître Baptiste, valet de chambre de M. Vulpin.

D'abord il s'arrêta interdit à la vue de ces deux personnages si singulièrement accoutrés, et il se crut en présence de véritables paysans.

Mais un reflet du feu de broussailles tomba sur le visage du major, et, à sa clarté, il reconnut à qui il avait affaire.

— Bonjour, Baptiste, dit le major Samuel.

— Bonjour, Baptiste, répéta le petit baron.

— Bonsoir, messieurs, répondit le valet

qui salua familièrement. Je ne m'attendais pas à vous trouver ici.

Et il posa son fusil dans un coin de la tour, puis, venant s'asseoir auprès du major :

— Comment diable, dit-il, vous trouvez-vous par ici ?

— Nous y sommes venus pour te voir, mon cher Baptiste.

— Moi ?

— Toi.

Et le major le regarda fixement, ajoutant :

— Nous avons un peu besoin de toi.

— Tiens! tiens! fit Baptiste avec une certaine ironie, vraiment?

— Mais sans doute.

— Je croyais cependant que... l'association était dissoute...

— C'est vrai, seulement nous venons de la reconstituer.

— Ah!

— Elle ne se compose plus que de trois membres.

— Ah! ah!

— Monsieur, toi et moi.

— C'est très-bien. Mais... a-t-elle le même but?

— A peu près... cependant il y a une nuance.

— Voyons?

— Nous ne nous occupons plus des successions, mais des mariages.

Baptiste tressaillit, et il eut comme une vague intuition de la vérité.

— Et qui voulez-vous marier ? demanda-t-il.

— Monsieur.

— Et le major montrait le petit baron.

Baptiste salua. Seulement son salut eut quelque chose de passablement ironique et eût donné à penser qu'il en savait long sur le personnage désigné.

— Avec qui ?

— Oh ! tout beau ! dit le major, avant

d'aller plus loin, il faut nous entendre.

Baptiste tressaillit de nouveau.

— Nous bien entendre... insista le major.

— Soit, dit le valet.

— En cas de réussite, ta part est de cinquante mille francs.

— Peste! un joli pot de vin. Et si on échoue...

— Rien, parbleu!

— Après?

— Et si tu nous trahis, il pourra se faire

que certain faux en écriture privée que tu as commis un jour... — oh! fit le major naïvement, ce n'est pas un reproche! tu étais si jeune alors... — il pourra se faire que ce faux se trouve par hasard un matin sur la table du procureur impérial.

Baptiste frissonna; mais il reprit sur-le-champ :

— Pourquoi donc voulez-vous que je vous trahisse?

— Dame!

— Et quel est le métier où je gagnerai cinquante mille francs ?

— C'est vrai.

— Donc, si vous avez besoin de moi, voyons la besogne ?

— Monsieur, dit le major, en désignant toujours le petit baron, s'est mis en tête de faire un beau mariage.

— L'idée est bonne.

— Et d'épouser mademoiselle de Guérigny, qui se trouve, en ce moment, au château de l'Orgerelle.

Baptiste fit un léger mouvement que ni le major, ni le petit baron ne remarquèrent.

— Ah! vraiment! dit-il; elle est donc riche, cette demoiselle?

— Assez, fit le major avec une indifférence dont tout autre que Baptiste eût été dupe.

— Eh bien! quel sera mon rôle là-dedans?

— Tu es toujours au service de M. Vulpin?

— Toujours.

— Bien certainement ton maître connaît le châtelain de l'Orgerelle ?

— Ils chassent ensemble.

— Tu as de l'imagination, maître Baptiste, et il faut que tu trouves l'occasion de nous introduire à l'Orgerelle.

— C'est difficile.

— Il est toujours difficile, dit le major, de gagner cinquante mille francs.

— Vous avez raison.

— Mais nous pourrions, par exemple,

faire la connaissance de M. Vulpin.

— Impossible.

— Pourquoi?

— Tiens! dit le major, nous avons entendu des chiens qui chassaient hier matin, et un paysan nous a dit que c'étaient les chiens de M. Vulpin. Ce n'était donc pas lui?

— Non, mais deux de ses amis.

— Eh bien! fais-nous faire la connaissance de ses amis.

— On verra.

— Comment sont-ils ?

— Ce sont deux jeunes gens de Paris.

A son tour, le major eut un mouvement d'inquiétude.

— Et ils habitent le pays ?

— Non, dit Baptiste. Ils sont venus pour chasser, et ils sont logés à Bois-Lambert... chez nous.

— Mais M. Vulpin reviendra ?

— Oui, dans huit jours.

— C'est trop long, pensa le major. Il

faut donner un premier assaut tout de suite.

— Mais, dit à son tour Baptiste, où êtes-vous logés, vous?...

— A Cerizay, le village qui se trouve de l'autre côté de la forêt.

— Chez qui?

— Dans l'auberge. Nous nous sommes donnés pour des marchands de bois.

— Eh bien! reprit Baptiste, j'irai vous y voir demain matin. On dit que la nuit porte conseil. J'ai besoin de réfléchir cette nuit au moyen de vous introduire au château de l'Orgerelle.

Baptiste reprit son fusil et le remit sur son épaule.

Puis il prit la pose de Frédéric Lemaître dans *Don César de Bazan* :

— Bonsoir, messeigneurs, dit-il.

Et il s'en alla, sans que le major fît un geste pour le retenir.

— Ah ça! mais, fit le petit baron, vous vous laissez traiter bien familièrement par ce drôle, mon cher major.

— Nous avons besoin de lui, répondit le major.

. . . .

Baptiste sortit des ruines de la Cigogne, et, en s'en allant, il adressa le monologue suivant :

— La nuit, en effet, porte conseil. Il faut réfléchir et voir si je n'aurai pas plus de profit à servir M. Raymond, l'ami de M. Olivier, qu'à me mêler des affaires de ce drôle qu'on nomme le petit baron.

M. Olivier de Kermarieuc est un vrai gentilhomme ; son ami n'est point un aventurier par conséquent.

Donc, il y a trois fois plus de chance que M. Raymond parvienne à épouser mademoiselle de Guérigny.

D'un autre côté, il faut songer que M. Olivier, si le mariage se fait, ne me donnera pas cinquante mille francs.

Et puis, il y a ce diable de faux !

Et Baptiste soupira, ajoutant

— Le major est dur-à-cuire, il tient ce qu'il a promis. Si je me mets mal avec lui, il se vengera...

D'un autre côté, cela me parait improbable que le petit baron en arrive à ses fins. Pour se marier, il faut avoir des papiers..., et les papiers du petit baron, ce n'est pas une recommandation, ma foi !... Tout cela est grave ! fort grave...

Baptiste s'en retourna tout seul à Bois-Lambert.

Par les bois, il n'y avait guère qu'une heure de chemin de la ruine à la maison de M. Vulpin.

Le valet doubla le pas, se répétant à satiété les réflexions qu'il venait de se faire, pesant le pour et le contre, et il n'était pas plus avancé en arrivant.

Malgré l'heure avancée, Baptiste aperçut de la lumière à travers les persiennes des deux jeunes gens. Olivier et Raymond n'étaient point couchés encore.

Baptiste ouvrit sans bruit la porte de la grille et entra par le jardin. Il y avait à Bois-Lambert un petit escalier de service qui montait en spirale dans une tourelle, du rez-de-chaussée aux mansardes. A chaque étage de la maison se trouvait une chambre à coucher dont le cabinet de toilette avait une issue sur cet escalier.

Comme le valet gravissait les marches de cet escalier, il eut une inspiration; et, passant devant la porte du cabinet de toilette de ces messieurs, il frappa doucement.

— Entrez! dit la voix d'Olivier.

Le valet entra et trouva Raymond et son ami, chacun dans son lit, fumant et causant.

— Ces messieurs n'ont besoin de rien? demanda Baptiste d'un ton mielleux.

— De rien absolument.

Baptiste s'inclina et sortit.

Seulement il ferma la porte du cabinet et

laissa ouverte celle qui donnait sur l'escalier.

Puis il monta d'un pas lourd jusqu'à l'étage supérieur.

Arrivé là, il ôta ses souliers, souffla sa lampe et redescendit sur la pointe du pied, se disant :

— Au fait! il faut que je sache ce que peut être, au juste, ce monsieur qui s'appelle Raymond tout court.

Baptiste pénétra dans le cabinet de toilette, s'y blottit, colla son oreille à la porte et écouta la conversation de Raymond et d'Olivier, qui se croyaient parfaitement seuls.

CHAPITRE VINGT-TROISIÈME.

XXIII

Raymond et Olivier causaient.

Une heure auparavant, et tandis que Baptiste était allé à la *Cigogne*, se rendant à l'appel mystérieux du major, les deux amis avaient entendu retentir le galop d'un cheval.

Le cheval s'était arrêté à la grille de Bois-Lambert, et un domestique à la livrée de M. le baron de Saunières avait mis pied à terre.

Raoul adressait le billet suivant à Olivier de Kermarieuc :

« Monsieur et ami,

» S'il vous plaît de dormir la grasse matinée de demain, ces quelques mots vous dispenseront de vous trouver au rendez-vous que nous avions pris ce matin.

» J'ai annoncé votre visite et celle de votre ami, à l'Orgerelle, pour demain samedi, l'heure du dîner, c'est-à-dire entre cinq et six.

» Ma mère sera heureuse de vous recevoir,

» Ma main dans la vôtre.

» RAOUL DE SAUNIÈRES. »

Olivier, comme on le pense bien, avait

fait part à Raymond de son entrevue du matin avec le jeune baron.

Durant toute la journée, Raymond avait été en proie à l'anxiété la plus vive.

Ce billet était venu mettre le comble à son angoisse.

Lorsque Baptiste pénétra dans le cabinet de toilette, Olivier disait :

— Ah ça! es-tu fou, décidément, de te tourmenter ainsi? On t'ouvre la porte et tu hésites à entrer!

— Mon cher, répondait Raymond, tu

oublies que cette porte est celle d'un salon.

— Nullement.

— D'un salon du faubourg Saint-Germain, encore.

— Eh bien?

— Et que, lorsque les deux battants de cette porte s'ouvrent, il est besoin de jeter le nom du visiteur à un laquais qui le répète aux maîtres de la maison.

— Décidément, je ne comprends plus.

— Je m'appelle Raymond... Raymond tout court.

— C'est vrai, dit Olivier, mais si tu n'es pas gentilhomme avéré, tu es du moins un parfait gentleman, ce qui veut dire un homme du meilleur monde.

— Soit.

— Et puis d'ailleurs, fit Olivier qui, en vrai Breton des Croisades, ne se souciait que fort peu de ses parchemins, crois-tu que l'amour a été élevé à l'école de M. d'Hozier, et qu'il soit besoin de *maintenues* de noblesse pour plaire à une jolie fille et l'épouser ?

— Mais, cher ami, quand on est la fille du marquis de Guérigny, on ne consent pas volontiers à s'appeler madame Raymond.

— Bah!

— Mon Dieu! reprit Raymond, je suis pourtant le fils d'un gentilhomme.

— Vraiment?

— Il paraît même que mon père était duc et pair.

— Oh! oh! dit Olivier.

— Et cependant je suis condamné à ignorer éternellement son nom.

— Que me chantes-tu là?

— La vérité.

— Comment?

— Il y a huit jours, un inconnu est venu me proposer un pacte infâme. Il m'offrait de me rendre la fortune de mon père, en spoliant, peut-être même en assassinant celle qui avait hérité de lui.

— Voyons, dit Olivier, explique-toi,

cher ami, car je commence à ne plus comprendre du tout.

— Soit, dit Raymond.

Et il raconta dans tous ses détails son entrevue avec le personnage mystérieux de la Maison-d'Or.

Baptiste, l'oreille collée à la porte, ne perdait pas un mot de la conversation.

Il entendit l'étrange histoire de Raymond jusqu'au bout :

— Oh! oh! se dit-il, j'ai bien fait de venir ici, aventurier pour aventurier, j'aime encore mieux le petit baron.

Il y a cinquante mille francs au bout!...

Et Baptiste sortit sur la pointe du pied et alla se mettre au lit.

Il savait ce qu'il avait voulu savoir.

. . . .

Le lendemain, lorsque Olivier et Raymond se levèrent, Baptiste était sorti.

— Où donc est Baptiste? demanda Olivier au jardinier.

— Il est allé à la chasse, monsieur.

— Sais-tu de quel côté?

— Non, monsieur. Mais il m'a dit qu'il ne tarderait point à rentrer. J'ai donné la pâtée aux chiens et si ces messieurs désirent chasser...

— Non, pas aujourd'hui.

Olivier et Raymond allèrent faire un tour de promenade et rentrèrent à l'heure du déjeuner.

Baptiste était revenu.

— Tu sais que nous ne dînons pas ici ce soir, lui dit Raymond.

— Ah! fit le valet, qui joua la surprise.

— Nous dînons à l'Orgerelle.

— Alors je vais laver le phaéton qui est couvert de poussière.

— C'est inutile. Nous irons à cheval.

— Si ces messieurs vont à cheval à l'Orgerelle, dit le valet, je me permettrai de leur donner un conseil.

— Parle!

— Ce sera de passer par la *Cigogne*. D'abord c'est plus court.

— Qu'est-ce que la *Cigogne*?

— Une tour en ruines. M. Vulpin, qui est archéologue, trouve que c'est fort beau.

— Ah!

— Ensuite la route de Bois-Lambert à l'Orgerelle par la *Cigogne* est très-pittoresque. C'est un sentier escarpé.

— Peut-on y passer à cheval?

— Oui certes.

— Un sentier qui court en zigzag au flanc d'une montagne, et franchit un abîme sur un pont qui, dit-on, date des Romains.

— Ah! par exemple! observa Baptiste, il y a un endroit périlleux.

— Bah!

— Un peu avant le pont, la route fait un brusque détour, et si on passait là de nuit avec un cheval emporté, on pourrait bien, au lieu de passer sur le pont, sauter dans l'abîme.

— Diable! fit Raymond en riant.

— Eh bien! nous y passerons, dit Olivier. Puisque nous sommes en plein roman, il faut en profiter. D'ailleurs, un peu de péril est toujours chose amusante.

— Oh! ces messieurs, dit Baptiste, passeront là en plein jour, je suppose.

— Oui, pour aller...

— Et pour revenir ils suivront la route ordinaire.

— Peut-être non. S'il fait clair de lune, nous reviendrons par le même chemin, dit Raymond.

— Les ruines sont splendides au clair de lune.

Baptiste s'inclina sans mot dire.

. . . .

Le soir, vers six heures, Raymond et Olivier dînaient au château de l'Orgerelle ; le verre en main, le jeune baron de Saunières buvait à ses nouveaux amis...

Mais, avant de savoir ce qui se passa à l'Orgerelle durant cette soirée, il est bon de suivre Baptiste dans sa promenade matinale.

Baptiste, on le devine, une fois son parti bien pris de trahir Raymond au profit du petit baron, s'était levé avant le jour et avait pris le chemin de Cérizay, décidé à avertir le major des projets de Raymond touchant mademoiselle de Guérigny, et bien résolu à lui faire part de la conversation qu'il avait surpris durant la nuit précédente.

CHAPITRE VINGT-QUATRIÈME

XXIV

Lorsque Baptiste arriva à Cérizay, le major Samuel et son élève le *petit baron* étaient assis devant le feu de la cuisine, dans l'unique auberge du village.

Ils causaient.

— Enfin, disait le petit baron, tout est fort bien jusqu'ici, et vous m'avez déjà trouvé une mère. Cependant...

— Tu n'es pas très-sûr, n'est-ce-pas ? de plaire à mademoiselle de Guérigny, la nièce de ton prétendu père le duc et pair, et sa légataire universelle ?

— Dame !

— Tu es pourtant joli garçon...

Le petit baron se rengorgea.

— Tu sais *avoir du monde*...

— Heu ! heu ! Mais...

— Voyons ? explique-toi...

— Il peut se faire que déjà elle aime quelqu'un.

— J'ai prévu le cas...

— Eh bien ?

— Ce qu'elle aurait fait par amour, elle le fera par devoir.

— Je ne comprends pas.

— C'est inutile.

On entendit un pas au dehors, et Baptiste entra.

Le major et le petit baron étaient toujours vêtus en marchands de bois et ils s'étaient donnés pour tels dans l'auberge, à leur arrivée, la veille au matin.

Lorsque Baptiste entra, ils se trouvaient seuls dans la cuisine.

L'aubergiste était aux champs, la femme était dans le jardinet, et la servante plumait un poulet sur le seuil de la basse-cour.

— Nous pouvons causer dit le major.

Baptiste s'assit et regarda le marquis

d'un air narquois qui l'intrigua passablement.

— Est-ce que tu as une bonne nouvelle à nous donner ? demanda le petit baron.

— Oui et non.

— Comment cela ?

— Non si vous aviez peur, car je viens vous avertir d'un grand péril.

— Hein ? fit le major.

— Oui, si vous êtes prêts à faire face au danger.

— Parbleu !

— Mais parle donc ! fit le petit baron avec inquiétude.

Baptiste dédiagnait les tournures et les ménagements parlementaires ; il dit brutalement :

— Mademoiselle de Guérigny a un amoureux !

Le petit baron s'écria :

— J'en étais sûr !...

— Son cousin, sans doute, le baron de Saunières..., fit le major.

— Vous n'y êtes pas.

— Qui donc alors ?

— Un des deux jeunes gens qni sont logés chez M. Vulpin, à Bois-Lambert.

— Et... tu le nommes ?...

— Raymond.

A ce nom le major étouffa un cri, et fit sur sa chaise un tel soubresaut, qu'il faillit tomber à la renverse.

— Oui, répéta Baptiste, il se nomme Raymond.., et il est, parait-il, le fils d'un duc et pair.

— C'est lui s'écria le major pâlissant.

— Qui lui ? fit Baptiste..., vous le connaissez ?

— Peut-être..., du moins je connais un homme qui se nomme Raymond... Comment est-il, celui-là ?

— Il est grand, mince...

— Blond ou brun ?

— Blond. Un joli garçon, ma foi !... et mademoiselle de Guérigny... Mon Dieu ! comme cela vous fait de l'effet...

— Mais achève donc, malheureux...

— Mademoiselle de Guérigny l'aime, parait-il...

Alors Baptiste, qui s'expliquait mal encore l'émotion éprouvée par le major et son protégé, Baptiste se mit à leur raconter ce qu'il avait appris la nuit précédente.

Le major se contint et l'écouta jusqu'au bout.

Mais lorsque Baptiste eut ajouté que les deux jeunes gens dînaient le soir même au château de l'Orgerelle, alors il saisit le bras du valet, le serra fortement et lui dit :

— Ce n'est plus cinquante mille francs que je te promets.

— Plaît-il ?

— C'est cent mille. Seulement, il faudra peut-être...

Et le major baissa la voix.

A l'expression de sa physionomie, Baptiste devina.

— Voyons ? parlez..., dit-il.

— Il faudra peut-être ..

Le major s'arrêta encore ; mais il eut un geste éloquent, le geste d'un homme qui épaulerait un fusil et s'apprêterait à faire feu...

Baptiste garda un majestueux silence.

Le major sembla vouloir lui laisser le temps de la réflexion et il se tourna vers le petit baron.

— Tu comprends bien, lui dit-il, que si le vrai Raymond a le temps de raconter son histoire le faux n'a plus qu'à *filer*.

— C'est assez mon avis.

Les derniers mots du baron frappèrent Baptiste.

— Oh! oh! pensa-t-il, ces messieurs me paraissent tenir un joli secret dans leurs mains. Je veux être de la confidence.

Et il dit froidement au major :

— Je veux bien vous servir, je veux bien jouer ma peau, mais je veux tout savoir..., *tout !*

Et il souligna ce monosyllabe d'un tel accent d'autorité, que le major comprit qu'il n'accepterait point le rôle d'instrument.

Ecoutez, poursuivit Baptiste, mademoiselle de Guérigny a plus de deux millions de dot. Je veux une part d'associé.

— Comment ! drôle !

— C'est comme cela, messeigneurs. J'ai toujours rêvé une fortune honnête, une aisance qui me permettent de vivre à ma fantaisie. Si le petit baron épouse mademoiselle de Guérigny, je veux avoir quinze mille livres de rente ; et, dans ce cas, je prends tout sur moi. Seulement je veux tout savoir... et tenez je devine déjà...

— Quoi ?

— Que le petit baron va jouer le rôle d'un autre...

— Allons ! murmura le major, je vois qu'il faut le mettre dans la confidence. Il nous servira plus intelligemment.

Et se tournant vers Baptiste :

— Si le mariage se fait, tu auras tes quinze mille livres de rente.

— A la bonne heure !

— Maintenant écoute...

Et le major, d'un ton bref, mais avec une grande clarté, expliqua la situation au valet. L'enfant spolié, c'était Raymond ; l'héritière du duc et pair, c'était mademoiselle de Guérigny.

On avait substitué le petit baron à Raymond vis-à-vis de Jeanne l'aveugle ; il fallait maintenant opérer la même substitution aux yeux de mademoiselle de Guérigny.

Cela fait, la jeune fille, dans sa chevaleresque délicatesse, n'avait plus qu'un parti à prendre : épouser le faux Raymond, afin de lui restituer la fortune de son père.

— J'ai parfaitement compris tout cela, dit alors Baptiste ; et je comprends surtout qu'il faut à tout prix, mettre un abîme entre mademoiselle de Guérigny et le vrai Raymond.

— Les morts ne parlent pas, dit le major.

Baptiste et le petit baron tressaillirent.

— Ah ! dame ! fit le major, tu comprends, mon bonhomme, qu'on ne se fait pas quinze mille livres de rente sans travailler...

— C'est juste !...

Et Baptiste devint pensif ; puis il ajouta :

— Je sais bien qu'à la chasse un accident est bientôt arrivé...

— Ah ! ah !

— Une balle destinée à un sanglier...

— Va se loger dans le dos d'un homme, n'est-ce pas ?

— Justement, mais ces Messieurs ne chasseront pas aujourd'hui... Ils m'en ont prévenu hier soir.

— Cependant il ne faut pas que Raymond dîne ce soir à l'Orgerelle.

— Bah ! fit Baptiste, je n'y vois pas d'inconvénient, moi.

— Est-tu fou ?

— Mais non. Vous pensez bien que le jeune homme n'est pas pressé d'avouer qu'il est bâtard.

— Tiens ! c'est vrai ce qu'il dit là, observa le petit baron.

— Il va faire sa cour à la fille d'abord. Après..., quand il sera bien sûr d'être aimé...

Baptiste s'interompit brusquement et se frappa le front :

— Ah ! pardieu s'écria-t-il, j'ai une fameuse idée.

— Laquelle ?

— Vous savez qu'il y a un ravin profond tout près des ruines où nous nous sommes vus hier soir. Sur le ravin, au fond duquel roule un torrent, il y a un vieux pont. Je vais m'arranger pour que ces messieurs passent par là.

— Et puis?

— Et puis, dit Baptiste, le reste me regarde. Allez-vous-en ce soir, vers neuf heures, dans les ruines de la Cigogne, j'y serai... et je vous expliquerai mon plan. Au revoir...

Le valet reprit son fusil et s'en alla en se disant:

— C'est un fort gentil garçon, M. Raymond, et c'est vraiment dommage de l'envoyer dans l'autre monde. Mais... il le faut ! Nécessité n'a pas de compassion... Tant pis !...

CHAPITRE VINGT-CINQUIÈME

XXV

Le soir, à l'heure indiquée, le major et son complice attendaient Baptiste dans les ruines de la Cigogne. Le major avait, sa montre en main, constaté qu'il était neuf heures un quart.

— Baptiste est en retard, murmurait-il, et la nuit est noire comme une des sept bouches de l'enfer.

— Sans compter, ajouta le petit baron, que je reçois déjà sur mon chapeau de larges gouttes de pluie et qu'il va faire un de ces orages comme on n'en voit que dans les montagnes...

Comme si la nature eût voulu confirmer les paroles du jeune homme, un éclair déchira la voûte plombée du ciel et projeta sa sinistre lueur dans la ruine.

Au même instant on entendit un fracas épouvantable, pareil à celui du tonnerre...

Et ce n'était point le tonnerre cependant...

Mais on eût dit qu'une partie de la montagne sur laquelle se dressait la tour en ruines, venait de s'entr'ouvrir et que la tour s'écroulait.

Le major et son complice, saisis de terreur, s'élancèrent au dehors. Mais, soudain, un éclat de rire retentit auprès d'eux, et un homme leur apparut au milieu des broussailles.

C'était Baptiste.

— Avouez, dit-il que vous avez eu rudement peur.

— Mais qu'est-ce donc ? Qu'est-il arrivé ? Quel est ce bruit ? demandèrent-ils tous deux.

— C'est le pont qui s'est écroulé, répondit tranquillement Baptiste. Venez, venez, vous verrez ma besogne à la lueur d'un éclair...

Et il les entraîna vers le ravin.

— Comment s'est-il écroulé ? demandait le major tout en suivant Baptiste dans un petit sentier qui serpentait au flanc de la montagne.

— Ecoutez donc. Vous allez comprendre... Figurez-vous que ces messieurs ont passé dessus vers cinq heures, en allant à l'Orgerelle. C'est le chemin le plus court.., et puis je leur avais vanté la beauté des ruines...

Et Baptiste eut un méchant sourire.

— Je les accompagnais, poursuivit-il; et quand nous avons été sur le pont, j'ai regardé le ciel et je leur ai dit : L'année dernière, en revenant de la chasse avec M. Vulpin, nous avons été surpris par l'orage dans la *Cigogne*. Ah! je puis affirmer que c'est une belle chose...

— Pardieu s'est écrié M. Raymond, je voudrais me trouver à pareille fête.

— Ce n'est pas difficile, ai-je répondu ; et je vois là-bas un fier nuage.

— Eh bien ! a dit M. Raymond, nous prendrons le même chemin, ce soir, pour revenir de l'Orgerelle.

— Ces messieurs feront bien de se fier à l'instinct de leurs chevaux, alors. La nuit, la route n'est pas bonne.

— Bah ! s'est écrié M. Raymond, il y a un Dieu pour les amoureux comme pour les ivrognes ! Tu peux t'en retourner, Baptiste. Maintenant nous savons le chemin de l'Orgerelle.

— Oh! il n'y a pas à se tromper. C'est toujours tout droit. Bonsoir, messieurs, bon appétit.

Et alors, acheva Baptiste, j'ai repassé le pont.

— Mais tout cela, dit le major ne nous explique point...

— Comment le pont vient de s'écrouler?

Le major fit un signe de tête.

— Attendez. Un soir qu'il pleuvait, je m'étais mis à l'abri sous le pont, et mes yeux rencontrèrent une grosse pierre qui en était comme la clef de voûte.

« Hé ! hé ! me dis-je, si cette pierre venait à se détacher, je crois bien que le pont la suivrait. » Je me suis souvenu de cette réflexion.

— Et alors...

— Alors j'ai fait un trou au milieu du pont, perpendiculairement au dessus de la grosse pierre. J'avais eu soin de mettre une tarrière de tailleur de pierres dans mon carnier.

Le ciment était dur, mais la tarrière mordait bien, et mon trou s'est fait. Alors j'ai versé dedans le contenu de ma poire à poudre, environ une livre, et j'ai bouché le trou avec une cheville qui avait juste la grosseur de la tarrière. Seulement je l'avais percée au milieu, comme une canne à sucre, et, dans l'ouverture pratiquée, j'avais introduit une mèche soufrée.

La mèche était cachée entre deux cailloux, ce qui fait que si quelqu'un avait passé par là, il aurait mis le pied dessus sans la voir. Tout cela m'a pris un bon bout de temps et il était neuf heures lorsque j'ai mis le feu à la mèche.

Je me suis alors sauvé à toutes jambes.

Cinq minutes après, la poudre a pris feu, la pierre de voûte a été chassée comme une balle hors du fusil, et le pont s'est écroulé...

— Bon, fit le major... et tu crois que

M. Raymond va revenir de l'Orgerelle par le même chemin ?

— Damé ! c'est à peu près sûr... D'ailleurs c'était un coup à tenter...

Un nouvel éclair brilla et, à sa lueur, le major et le petit baron aperçurent l'espace d'une seconde, le ravin au fond duquel le pont s'était effondré.

C'était un saisissant spectacle.

Le ravin était profond et enserré par des rochers taillés à pic.

Du milieu de ces rochers s'élevaient çà et

là un chêne rabougri, une touffe de feuillage d'un vert sombre.

A l'endroit où le pont s'était écroulé, l'abîme avait une profondeur de trente à quarante pieds.

La nuit était noire ; il avait fallu cet éclair qui venait de briller pour montrer au major toute l'étendue du péril qu'allait courir le cavalier venant du château de l'Orgerelle.

— Hein ? fit Baptiste, vous avez vu ?

— Oh ! dit le major, s'il fait ce saut il ne remontera point tout seul.

— C'est mon avis, ricana le valet de chambre de M. Vulpin.

— Cependant...

— Ah ! ah ! est-ce que vous avez une objection à me faire ?

— Oui.

— Voyons ?

— Ils sont deux....

— Oui, M. Olivier de Kermarieuc est avec M. Raymond.

— Très-bien. Par conséquent, il peut se faire que tous deux aillent se casser les reins, là bas...

Et le major montrait le ravin.

— Dame ! fit Baptiste, ça me fera bien de la peine pour M. Olivier, qui est le meilleur garçon de la terre.

— Mais, reprit le major, il peut se faire aussi que galopant l'un derrière l'autre, il y en ait un qui arrive le premier et, en tombant, pousse un cri.

— Dame ! c'est possible. Alors M. Olivier aura le temps de s'arrêter.

— Ma foi ! je n'en serais pas fâché... c'est un si bon garçon !

— Et si c'est Olivier qui est devant ?

— Ah ! diable ! je n'avais pas songé à cette combinaison.

— Mais que voulez-vous ? il faut se fier un peu au hasard.

— C'est juste.

— Et maintenant si vous voulez assister à l'événement...

— Parbleu ! dit le petit baron.

— Mettez-vous là, derrière cette touffe. Si vous ne voyez pas, vous entendrez du moins. Bonsoir...

— Comment ! tu pars ? fit le major.

— Oui j'ai mes raisons pour cela.

Et Baptiste reprit le sentier de la tour, et le bruit de ses pas s'éteignit bientôt dans les broussailles.

Le major et son complice, cachés dans une touffe d'arbres, à quelques pas du pont brisé, attendirent avec anxiété pendant un quart d'heure environ.

Tout à coup un bruit loitain se fit entendre.

— Chut ! fit le major, écoute...

C'était le galop d'un cheval.

Un galop rapide, un triple galop, comme on dit, et qui, bruit lointain d'abord, se rapprocha très-vite.

— Écoute bien, répéta le major.

— Oh ! j'entends, répondit le baron.

— Y a-t-il un seul cheval, y en a-t-il deux ?

— Je crois qu'il n'y en a qu'un.

— Moi aussi.

Ils attendirent cinq minutes encore.

Alors ils n'eurent plus de doute : il n'y avait qu'un cavalier sur la route qui venait du château de l'Orgerelle.

Était-ce Olivier, était-ce Raymond ?

La nuit était noire. Le cheval galopait avec furie.

Bientôt il arriva si près de l'abîme qu'un battement de cœur violent s'empara du major et de son complice.

Une minute encore et tout était fini...

Mais en ce moment un éclair brilla, et cet éclair enveloppa d'une auréole le cheval et le cavalier.

Le cheval s'était cabré au bord du précipice !

CHAPITRE VINGT-SIXIÈME.

XXVI

Le cavalier que la foudre du ciel et l'instinct de son cheval venaient de sauver d'une mort certaine n'était pas Raymond, comme l'avaient espéré Baptiste et les deux misérables qu'il servait, mais bien M. Olivier de Kermarieuc.

Comment Olivier était-il seul ?

Il nous faut, pour l'expliquer, faire un pas en arrière.

Olivier et Raymond, ainsi que Baptiste l'annonça quelques heures plus tard au major, avaient passé sur le pont un peu après cinq heures, et ils s'étaient dirigés, en quittant le valet de chambre de M. Vulpin, tout droit sur le château de l'Orgerelle.

Olivier était charmant de bonne humeur, Raymond soucieux.

— Ah! cher ami, disait Raymond, à mesure que les obstacles s'aplanissent devant moi, je sens mon cœur défaillir.

— Bah! bah! répondit Olivier, je jurerais que tu es aimé...

— Tais-toi!... Ces prophéties-là font mourir lorsqu'elles ne se réalisent point.

— La mienne se réalisera.

Raymond hocha la tête.

— Mais je n'ai pas de nom! fit-il.

— Eh bien! quand elle t'aura dit qu'elle t'aime, nous t'en trouverons un.

— Que veux-tu dire?

— Je chercherai cet homme qui s'appelle, dis-tu, le major Samuel.

— Et puis?

— Et nous lui donnerons cent mille francs pour qu'il parle!

— Mais... où le trouver?

— Bah! dit Olivier avec une forfanterie chevaleresque, la terre n'est pas si grande!

Puis, comme Raymond était toujours rêveur.

— Donne donc un coup d'éperon à ton cheval? poursuivit Olivier. Il ne faut pas nous faire attendre. Ce serait une faute impardonnable.

Les deux jeunes gens prirent le galop.

Le chemin qu'ils suivaient était une longue *coulée* pratiquée dans la forêt; au bout de cette coulée apparaissaient les clochetons et les tourelles ardoisées de l'Orgerelle.

Tout à coup un cavalier se montra au milieu de la coulée, à cent mètres de Raymond et d'Olivier.

— Tiens! dit ce dernier, voilà M. de Saunières qui vient à notre rencontre. On n'est vraiment pas plus courtois.

C'était, en effet, le jeune baron.

Il salua les deux jeunes gens et leur dit en riant :

— Vous voyez que j'ai une police bien faite, puisque j'ai su que vous deviez venir à l'Orgerelle par le chemin des ruines.

— En effet, dit Olivier, vous êtes fort bien renseigné, Monsieur.

— Et savez-vous quel est mon espion?

— Ma foi! non.

— Une longue-vue que je braque sur une tour de l'Orgerelle. Je vous ai vu passer sur le *vieux pont*.

— Ah!

— Et je suis venu à votre rencontre, ajouta le baron, par courtoisie d'abord, et un peu par intérêt ensuite.

Olivier regarda le baron d'un air curieux.

Celui-ci reprit :

— Mon cher ambassadeur, vous allez bien me permettre, je suppose, un moment d'entretien avec M. Raymond, votre ami.

— Oh ! certes ! dit Olivier, voulez-vous que je prenne un temps de galop ?

— Comme il vous plaira. Seulement, attendez-nous à la grille.

— Convenu ! dit Olivier, qui poussa son cheval, tandis que M. de Saunières rangeait le sien côte à côte de celui de Raymond.

Raymond était un peu étourdi de cette proposition d'entretien à brûle-pourpoint.

Mais M. de Saunières se hâta de lui dire :

— Rassurez-vous, Monsieur, ce dont j'ai à vous entretenir n'a rien d'alarmant.

Raymond se pencha sur sa selle et prit une attitude attentive.

— Monsieur, reprit le baron, mademoiselle Blanche de Guérigny, que vous aimez, est ma cousine au second degré.

— Je le sais, Monsieur.

— Sa mère ignore, j'en suis certain, l'amour qu'elle vous a inspiré...

— Monsieur, interrompit Raymond, permettez-moi quelques mots : Quand j'ai rencontré mademoiselle Blanche de Guérigny, j'étais un homme désespéré; j'allais quitter la France, l'Europe, m'expatrier pour toujours. Je ne suis point parti, je me suis rattaché à la vie tout à coup. C'est vous dire que cet amour est immense.

— Je l'avais deviné à votre accent ému, dit simplement le baron.

Et il poursuivit.

— Je vous disais donc que Blanche était ma cousine et que sa mère ignorait...

— Comme elle doit l'ignorer elle-même, interrompit Raymond.

— Vous vous trompez, Monsieur.

Raymond devint pâle et son cœur battit plus vite.

— Blanche sait que vous l'aimez...,

et... elle vous aime, acheva le baron en souriant.

Raymond chancela sur sa selle.

— Eh bien! Monsieur, continua M. de Saunières, vous vous croyez bien avancé, n'est-ce pas, parce que Blanche vous aime, et que moi, son cousin, je me dévoue au rôle de confident actif?

— Mais, Monsieur..., balbutia Raymond tout tremblant.

— Il n'en est rien, Monsieur, et des abîmes vous séparent, provisoirement, du moins, de mademoiselle de Guérigny.

Raymond eut froid au cœur. Il crut que le baron faisait allusion à sa naissance mystérieuse.

Le baron continua :

— Figurez-vous que la fortune de ma cousine et la mienne sont à peu près égales, et que nos deux familles avaient songé à les réunir.

— Ah! murmura Raymond pâlissant.

— Rassurez-vous, Monsieur. Blanche et moi, nous nous aimons simplement comme frère et sœur. Blanche est trop riche pour moi, je suis trop riche pour elle. Blanche vous aime... et moi, murmura tout bas le jeune homme, je ne suis peut-être déjà plus maître de mon cœur...

Raymond tressaillit.

Raoul continua :

— Le projet de nos deux familles n'en existe pas moins, Monsieur. C'est dans le but de préparer cette union que la marquise de Guérigny a amené sa fille à l'Orgerelle, après s'être concertée avec ma mère.

Ni la marquise, ni madame de Saunières ne soupçonnent la vérité, et ce ne sera point en un jour que nous pourrons les y préparer. Je suis donc venu à votre rencontre, Monsieur, pour vous supplier d'être ce soir, d'une réserve et d'une circonspection extrêmes.

— Ah! Monsieur..., fit Raymond, pouvez-vous en douter?

— J'ai fait les mêmes recommandations

à ma cousine... Cependant, ajouta M. de Saunières en souriant, je vous ai ménagé, pour ce soir, quelques moments de tête-à-tête.

Raymond leva sur le jeune homme un regard plein de gratitude.

— Hé! monsieur Olivier? cria le baron au jeune Breton qui caracolait à trente ou quarante pas en avant.

Olivier fit volte-face et revint vers les deux jeunes gens.

— Quel chemin comptez-vous prendre ce soir ? demanda Raoul.

— Pour retourner à Bois-Lambert ?

— Oui.

— Le chemin de la Cigogne, parbleu ! Les ruines sont belles au clair de lune.

Raoul se mit à rire

— D'abord, dit-il, regardez-moi le ciel, là-bas au couchant.

— Eh bien ?

— Il est déjà noir. Le clair de lune fera défaut.

— Bon ! Alors je verrai les ruines à la lueur des éclairs.

— Soit. Mais vous les verrez seul.

— Comment cela ?

— M. Raymond, votre ami, a, ce soir, quelque chose de mieux à faire.

— Vraiment ?

— Et, tenez, dit le baron, votre idée de retourner à Bois-Lambert par les ruines me plaît.

— Pourquoi ?

— C'est ce que vous verrez ce soir... Fiez-vous à ma sagesse.

En disant cela, le baron, qui était arrivé à la grille du parc de l'Orgerelle, appela :

— Antoine ? Antoine ?

L'homme ainsi interpellé était un aide-jardinier qui taillait des arbres dans le parc et s'empressa de venir ouvrir la grille.

— Entrez, Messieurs, dit courtoisement le baron de Saunières.

CHAPITRE VINGT-SEPTIÈME.

XXVII

M. le baron Raoul de Saunières avait probablement fait à mademoiselle Blanche de Guérigny les mêmes recommandations qu'à Raymond, car l'entrevue au salon fut d'une réserve presque glaciale.

Ni la marquise, ni madame de Saunières, ne purent supposer un moment la moindre intelligence morale entre Blanche et Raymond.

Le dîner fut cordial, sans trop d'intimité.

Après le café, on passa au salon, et Olivier fit un whist avec madame de Saunières et la marquise.

Raoul en profita pour s'approcher de sa

cousine, laissant madame de Bertaut causer avec Raymond.

Ils échangèrent quelques mots à voix basse; puis Raoul alla se placer derrière sa mère et suivit un moment sa partie du regard.

— Mon cousin, dit alors Blanche de Guérigny, voulez-nous nous conduire faire un tour sur l'étang ?

— Volontiers, répondit Raoul.

Et il se tourna vers Raymond.

— Monsieur, lui-dit-il, vous aimez

les paysages pittoresques, m'avez-vous dit?

— Oui, Monsieur.

— Si vous voulez nous accompagner, je vous montrerai un effet de nuit sur l'étang.

— Avec plaisir, Monsieur, répliqua Raymond, qui commençait à comprendre le plan de Raoul de Saunières.

— Moi, dit Olivier en se tournant vers le baron, je vous demanderai la permission d'aller voir les ruines de la Cigogne.

— Comme il vous plaira, répondit Raoul.

Et il offrit le bras à sa cousine.

Raymond prit congé de madame de Saunières et de la marquise, et donna, pour sortir, la main à madame de Bertaut.

Le baron avait fait avancer la grande barque devant le perron du jardin.

— Monsieur, dit-il à Raymond, je vais envoyer votre cheval de l'autre côté de l'étang, à l'endroit où passe la route qui qui mène à Bois-Lambert.

L'étang a près d'une demi-lieue, et, de l'autre côté, vous apercevrez le village.

La barque avait un gouvernail et deux avirons.

Madame de Bertaut se plaça à l'arrière, Raoul prit les deux avirons.

Blanche et Raymond s'étaient assis auprès l'un de l'autre.

Les deux amoureux occupaient le milieu de la barque.

La barque était assez longue ; elle avait la dimension de ce genre d'embarcation qu'on nomme un *chaland*.

Madame de Bertaut à l'arrière et Raoul de Saunières en avant, étaient donc assez loin l'un et l'autre de mademoiselle de Guérigny et de Raymond pour que, si ces derniers causaient à mi-voix, il leur fût impossible d'entendre ce qu'ils diraient.

Blanche et Raymond le comprirent parfaitement.

Aussi, lorsque la barque fut en mouvement et glissa sur la surface du petit lac, Raymond, qui s'était enhardi, se pencha vers Blanche et lui dit tout bas :

— Me pardonnez-vous mon audace, mademoiselle ?

Blanche tressaillit. Cependant, comme elle s'attendait, sans doute, à ces paroles, elle répliqua :

— Il est certain, Monsieur, qu'il vous serait impossible d'affirmer que c'est le hasard seul qui, après vous avoir placé sur mon chemin au bois de Boulogne, vous a amené d'abord dans cette forêt, où je vous ai dû la vie, et ensuite dans ce château où vous avez reçu ce soir l'hospitalité.

— Vous avez raison, Mademoiselle, reprit Raymond, j'ai osé aider le hasard qui ne me servait point à mon gré.

— Ah! vous en convenez?

— J'en conviens.

— Eh bien! dit la jeune fille avec une franchise charmante, j'aime cet aveu, et puisque vous êtes sans détours, je le serai tout comme vous.

Ces paroles allèrent droit au cœur de Raymond.

— Vous êtes un ange de bonté, murmura-t-il.

Blanche reprit :

— Je ne sais qui vous êtes, Monsieur, et je ne veux pas le savoir aujourd'hui.

— Mais, Mademoiselle...

— Chut!... Ecoutez-moi...

— J'attends, dit humblement Raymond.

— Je ne veux pas savoir, répéta-t-elle,

aujourd'hui, du moins, qui vous êtes; vous me le direz plus tard... Mais je veux savoir une seule chose; répondez-moi franchement.

FIN DU DEUXIÈME VOLUME.

Wassy. — Imprimerie de Mougin-Dallemagne.

En vente

LES MÉMOIRES D'UN HOMME DU MONDE
par le vicomte PONSON DU TERRAIL, auteur des Drames de Paris, les Exploits de Rocambole, etc.

LE MÉNAGE LAMBERT
par A. de GONDRECOURT, auteur de : l'Amour au Bivouac, le Bonhomme Nock, le Prix du Sang, la Vieille Fille, etc.

L'HOMME ROUGE
par ERNEST CAPENDU, auteur de Marcof le Malouin, etc., etc.

LES SABOTIERS DE LA FORÊT NOIRE
par EMMANUEL GONZALÈS, auteur de : les Trois Fiancées, la Mignonne du Roi, la Princesse russe, le Chasseur d'Hommes, etc.

L'HOMME DES BOIS
par ELIE BERTHET, auteur de : le Douanier de Mer, les Émigrants, la Bête du Gévaudan, les Catacombes de Paris, le Garde Chasse.

LA SORCIÈRE DU ROI
par Mme la Comtesse DASH, aut. de : la Belle aux Yeux d'or, les Cheveux de la Reine, la Maison Mystérieuse, la Fée du Jardin, etc.

LES PRINCES DE MAQUENOISE
par H. DE SAINT-GEORGES, auteur de : l'Espion du Grand Monde, un Mariage de Prince, etc., etc.

Paris. — Imprimerie de P.-A. BOURDIER et Cⁱᵉ, rue Mazarine, 30.

www.ingramcontent.com/pod-product-compliance
Lightning Source LLC
Chambersburg PA
CBHW060353170426
43199CB00013B/1856